JN119870

何が問題か
マイナンバーカードで健康保険証廃止

マイナンバーカードが健康保険証に
マイナンバーとマイナンバーカード
オンライン資格確認と医療情報の利活用
問題だらけのオンライン資格確認
健康保険証廃止反対と民主主義、憲法
〈現場の医師に聞く〉
オンライン資格確認と
健康保険証の廃止、どこが問題か

黒田 充
（自治体情報政策研究所代表）

日本機関紙出版センター

もくじ

第1章　マイナンバーカードが健康保険証に

◆マイナンバーカードが健康保険証になるとは

２０２１年3月からプレ運用として、そして同年10月から本格運用として、マイナンバーカードが健康保険証（後期高齢者医療被保険者証等も含む）の代わりに使えるサービス――マイナンバーカードと健康保険証の一体化――が始まりました。

私たちは病院や診療所で診療を受ける際に、健康保険証を受付に出します。これは自分が加入している健康保険を利用するために、その種類や名称、被保険者番号（記号・番号等）を病院や診療所に示すためです。出された健康保険証を見て、職員は訪れた患者の加入している健康保険を知り、カルテやレセプト（診療報酬明細書）等に被保険者番号などを記入します。マイナンバーカードを利用した新しいサービスは、健康保険証の代わりにマイナンバーカードの情報を利用して、オンラインで健康保険の種類や名称、被保険者番号などの情報を病院や診療所に提供するもの――政府はオンライン資格確認と呼称――です。

なお、マイナンバーカードの健康保険証利用について、「マイナ保険証」と表現しているマスコミ等がありますが、そうした短縮表現が許されるのならマイナンバーカードが運転免許証としても使えるようになれば「マイナ免許証」と書くのかという問題が生じます。一体化した先に残るのはマイナ保険証とマイナ免許証の２枚ではなく、１枚のマイナンバーカードだけです。ですからマイナ保険証といった誤解や混乱を招く間違った表記は本書では一切使いません。また、マイナンバー（個人番号）を記したカードという意味を曖昧にすることにつながりますからマイナカードと略すこともしません。

ところで、病院や診療所がオンライン資格確認を行うには、マイナンバーカードのＩＣチップに記録されている情報を読み取るカードリーダー（顔認証のためのカメラ付き）が必要です。政府は、これを病院や診療所に無償提供しています。しかし、オンライン資格確認にはコンピュータシステムや情報通信機器、高速通信回線、電子カルテなどの整備も欠かせません。こうした経費について、政府は補助をしてはいますが、一部に過ぎず、病院や診療所の費用負担は決して小さくはありません。

政府は、これまでオンライン資格確認を２０２３年３月末までに、概ね全ての病院、医科・歯科診療所、保険薬局（以下、「医療機関等」）での導入を目指すとして来ました[1]。しかし、現実は大きく遅れていました。厚生労働省の資料によれば、２０２２年５月15日の時点で実施している医療機関等は22万９５２８施設の内の４万３６９３施設と全体のわずか19・０％に過ぎませんでした[2]。

◆健康保険証廃止で、マイナンバーカード取得は義務に？

医療機関等の準備がこのように進まないことから、政府は「経済財政運営と改革の基本方針」、いわゆる骨太方針２０２２に「オンライン資格確認について、保険医療機関・薬局に、２０２３年４月から導入を原則として義務付ける」ことを明記し、２０２２年６月７日に閣議決定しました。この閣議決定を受け、９月５日には、健康保険法に基づき保険医が守る義務を定めた厚生労働省令である「保険医療機関及び保険医療養担当規則（療養担当規則）」に、２０２３年４月からオンライン資格確認の導入を原則として義務付ける旨が盛り込まれました。これはオンライン資格確認を導入しなければ、保険診療ができなくなる、すなわち訪れた患者に10割負担を求めなければならなくなることを意味します。

このように医療機関等に対するオンライン資格確認導入の原則義務付けは、法によらず閣議決定と省令によって決められたのですが、さらに河野太郎デジタル大臣は、現行の健康保険証を2024年秋に廃止することを2022年10月13日の記者会見で表明しました。日本は国民皆保険制度をとっていますから、健康保険を利用する限りマイナンバーカードを持たざるを得なくなります。マイナンバーカード取得の事実上の義務化です。

マイナンバー制度の根拠法である「行政手続における特定の個人を識別するための番号の利用等に関する法律」（以下、「番号法」）には、マイナンバーカードの取得は義務だとはどこにも書かれていません。政府も取得は任意であると一貫して説明してきました。健康保険証を廃止するには、健康保険に関わる法令の改正が必要だとしても、このやり方でマイナンバーカードの取得を実質義務化するなら番号法の改正は必要ありません。国民への約束を反故にし、マイナンバー制度の根底を揺るがすものであり、国民に新たな義務を課すものであるにもかかわらず、こうした決め方で済ませようとするのは、まさに民主主義を否定する暴挙です。

もっとも、健康保険証の廃止自体は突然出て来た話ではありません。河野発言の3年以上前に出された「厚生労働省・オンライン資格確認等システムに関する運用等の整理案（概要）　令和元年6月版」には「将来的に保険証の発行を不要としてマイナンバーカードのみの運用への移行を目指していく」とありました。さらに骨太方針2022にも「2024年度中を目途に保険者による保険証発行の選択制の導入を目指し、さらにオンライン資格確認の導入状況等を踏まえ、保険証の原則廃止を目指す」と書かれています[3]。保険者とは保険事業を運営する市町村国保などの国民健康保険や、健康保険組合、協会けんぽ、共済組合、後期高齢者医療制度などのことであり、選択制は保険証を発行するかどうかの判断をこれらの運営者に任せるというものです。

このように時期は明示されて来なかったものの、廃止自体はすでに政府の方針として示されていたのです。今回、「いつ」が明確になったことで、マスコミも大きく報じ、世間の関心を呼んでいますが、政府が既定方針として公表していたことに私たちは注意を払うべきでしょう。民主主義を否定してかかる現政権に対して、聞いていなかった、知らなかったでは、生活も人権も守り抜くことは困難なのです。

ところで、健康保険証をどうするかは厚生労働省の所管なのに、なぜデジタル庁の大臣が廃止などと発言できるのか、越権行為ではないかと訝る方もいるかと思います。しかし、デジタル庁は他の省庁とは位置づけが異なっています。普通、○○省や××庁のトップは○○大臣や××庁長官です。しかし、2021年5月に成立したデジタル庁設置法はデジタル庁のトップは内閣総理大臣としており、デジタル庁は内閣総理大臣直属の組織と位置づけられているのです。デジタル大臣は庁のトップである内閣総理大臣の部下として、その意向を受けて働くのが役目ですから、河野大臣の保険証廃止発言は岸田文雄首相の意向を受けたものです。河野氏独自の判断でも、パフォーマンスや思いつきでもありません。加藤勝信厚生労働大臣が河野発言に対して「どうしてあなたがそれを言

図1

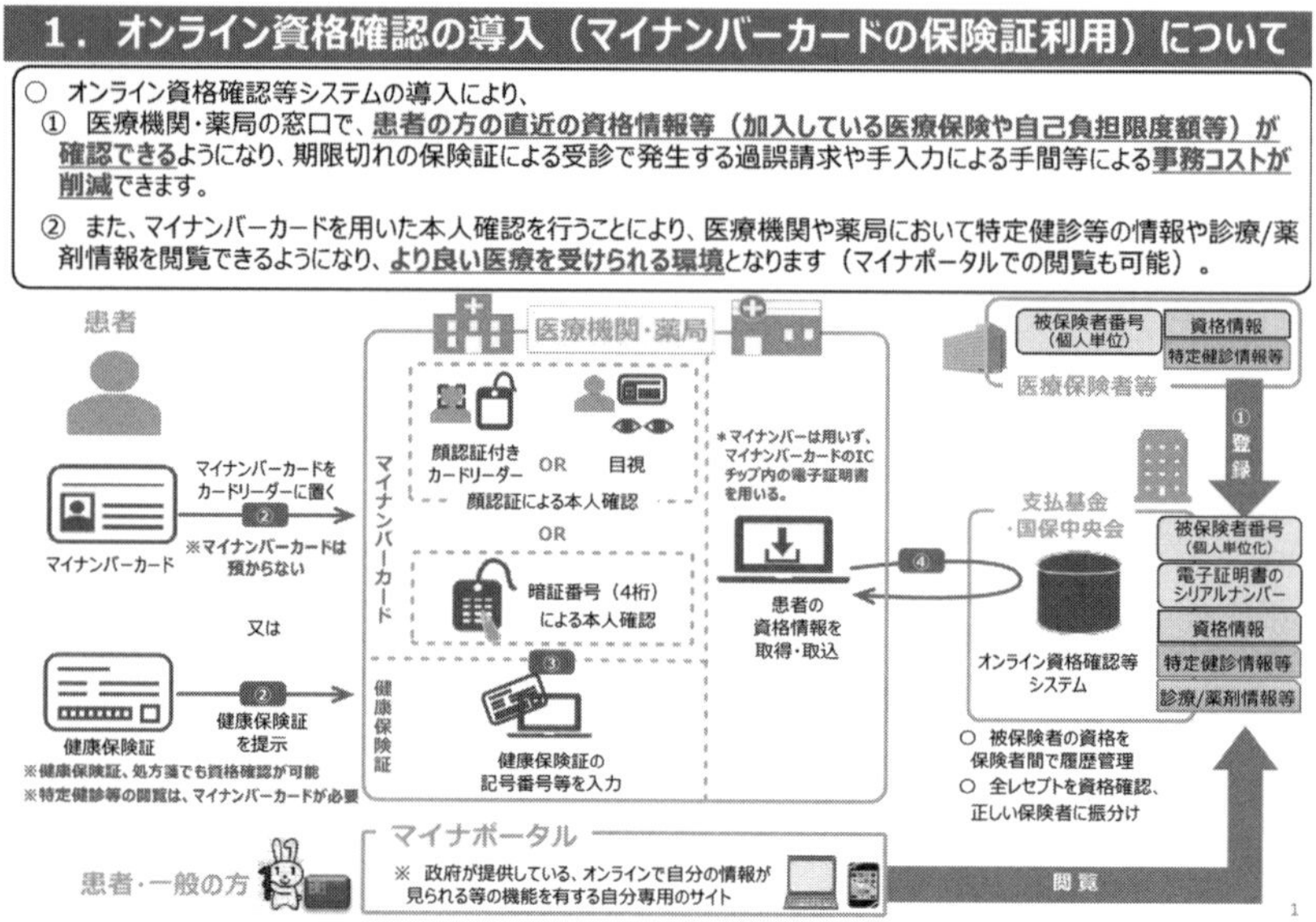
1．オンライン資格確認の導入（マイナンバーカードの保険証利用）について
○ オンライン資格確認等システムの導入により、
① 医療機関・薬局の窓口で、患者の方の直近の資格情報等（加入している医療保険や自己負担限度額等）が確認できるようになり、期限切れの保険証による受診で発生する過誤請求や手入力による手間等による事務コストが削減できます。
② また、マイナンバーカードを用いた本人確認を行うことにより、医療機関や薬局において特定健診等の情報や診療/薬剤情報を閲覧できるようになり、より良い医療を受けられる環境となります（マイナポータルでの閲覧も可能）。
患者
医療機関・薬局
顔認証付きカードリーダー
OR
目視
顔認証による本人確認
OR
暗証番号（4桁）による本人確認
マイナンバーカード
マイナンバーカードをカードリーダーに置く
②
※マイナンバーカードは預からない
又は
健康保険証
②
健康保険証を提示
※健康保険証、処方箋でも資格確認が可能
※特定健診等の閲覧は、マイナンバーカードが必要
③
健康保険証の記号番号等を入力
＊マイナンバーは用いず、マイナンバーカードのICチップ内の電子証明書を用いる。
患者の資格情報を取得・取込
④
被保険者番号（個人単位）
資格情報
特定健診情報等
医療保険者等
①登録
支払基金・国保中央会
オンライン資格確認等システム
被保険者番号（個人単位化）
電子証明書のシリアルナンバー
資格情報
特定健診情報等
診療/薬剤情報等
○ 被保険者の資格を保険者間で履歴管理
○ 全レセプトを資格確認、正しい保険者に振分け
マイナポータル
※ 政府が提供している、オンラインで自分の情報が見られる等の機能を有する自分専用のサイト
患者・一般の方
閲覧
1

出典：「オンライン資格確認の導入で事務コストの削減とより良い医療の提供を　～データヘルスの基盤として～」厚生労働省保険局、2022年11月

うの。越権行為だ」などと異議を唱えないのは当然なのです。

◆オンライン資格確認とは

マイナンバーカードを使ったオンライン資格確認はどういうものでしょうか。厚生労働省の資料を見てみましょう（**図1**）。

患者は診療などを受けるために医療機関等の窓口を訪れます。そこにはマイナンバーカードから情報を読み込むための顔認証機能付きのカードリーダーが置かれています。患者は、自らの手でカードリーダーにマイナンバーカードをかざします。するとカードリーダーに付いているカメラが顔を写し、マイナンバーカードのICチップに記録されている顔写真（マイナンバーカードの交付申請時に添付した写真をデータ化）とを照合します。いわゆる顔認証です。顔が一致すれば、

ICチップに記録されている公的個人認証の電子証明書のシリアルナンバー（発行番号）が、読み取られ、支払基金と国保中央会が共同で運営する「オンライン資格確認等システム」に通信回線を使って送られます。送られるのはマイナンバーではなく、シリアルナンバーです。オンライン資格確認等システムは、届いたシリアルナンバーに対応した保険資格情報を医療機関等に返し、医療機関等の職員の前に置かれたパソコンの画面には、送られてきた患者の保険資格情報が表示されます。

本来、マイナンバーカードのICチップからシリアルナンバーを取り出すには、マイナンバーカード交付時に設定した4桁の暗証番号が必要です。しかし、オンライン資格確認ではカードリーダーで顔認証することで暗証番号の入力をしなくて済むように作られています[4]。

なお保険資格情報とは、健康保険加入者の氏名・性別・生年月日、保険者名、被保険者番号、負担割合などです。こうした情報が画面に表示されることで、医療機関等は来院した患者の保険資格を確認することができます。また、支払基金は「社会保険診療報酬支払基金」のことで健康保険組合、協会けんぽ、共済組合、船員保険等についての、国保中央会は「国民健康保険中央会」のことで国民健康保険についての、それぞれ診療報酬等審査支払業務等を行っている審査支払機関です。

◆被保険者番号とシリアルナンバー

マイナンバーカードを健康保険証として使うには、マイナンバーカードを取得している者が自ら「利用登録」を行う必要があります。利用登録は、行政手続等をオンラインで行うための窓口としてインターネット上に作られている自分専用のウェブサイト「マイナポータル」にカードリーダー付きのパソコンやスマートフォン（以下、「スマホ」）でアクセスし、マイナンバーカードを使って行います。利用登録はセブン銀行のATMでも可能ですが、どちらの場合もマイナンバーカード交付時に設定した利用者証明用の4桁の暗証番号の入力を求められます。ただし、医療機関等の窓口に置かれたカードリーダーで利用登録を行う場合は、顔認証で本人確認が行われますので暗証番号は必要ありません。

利用登録はマイナンバーのICチップに記録されている電子証明書のシリアルナンバーと被保険者番号とを結びつける作業です。マイナンバーカードの交付を受ける際に、カードのICチップに公的個人認証の電子証明書が記録されることにより、マイナンバーと電子証明書のシリアルナンバーが紐付けられます。一方、支払基金・国保中央会において、マイナンバーと被保険者番号は健康保険の業務を行うために従前より紐付けられています。ですからマイナンバーを介することによってシリアルナンバーと被保険者番号を結びつけることができます。利用登録は、この結びつけを行うものです。ただし利用登録をする私たちはこの作業の中味を意識する必要はなく、システムが自動的に行います。なお、これまで健康保険証に書かれていた番号は世帯単位の記号・番号でしたが、現在は枝番を後ろに付けることで被保険者番号として個人単位化されています。

利用登録は退職等により健康保険証（被保険者番号）が変わっても再度行う必要はなく、一生涯に1回だけで済みます。これは支払基金・国保中央会のオンライン資格確認等システムが被保険者番号を履歴管理しているからです（**図2**）。例えば、太郎さん（シリアルナンバー1001）の被保険者番号が転職により、34…46から25…92に変わった場合、太郎さんのシリアルナンバー

図2

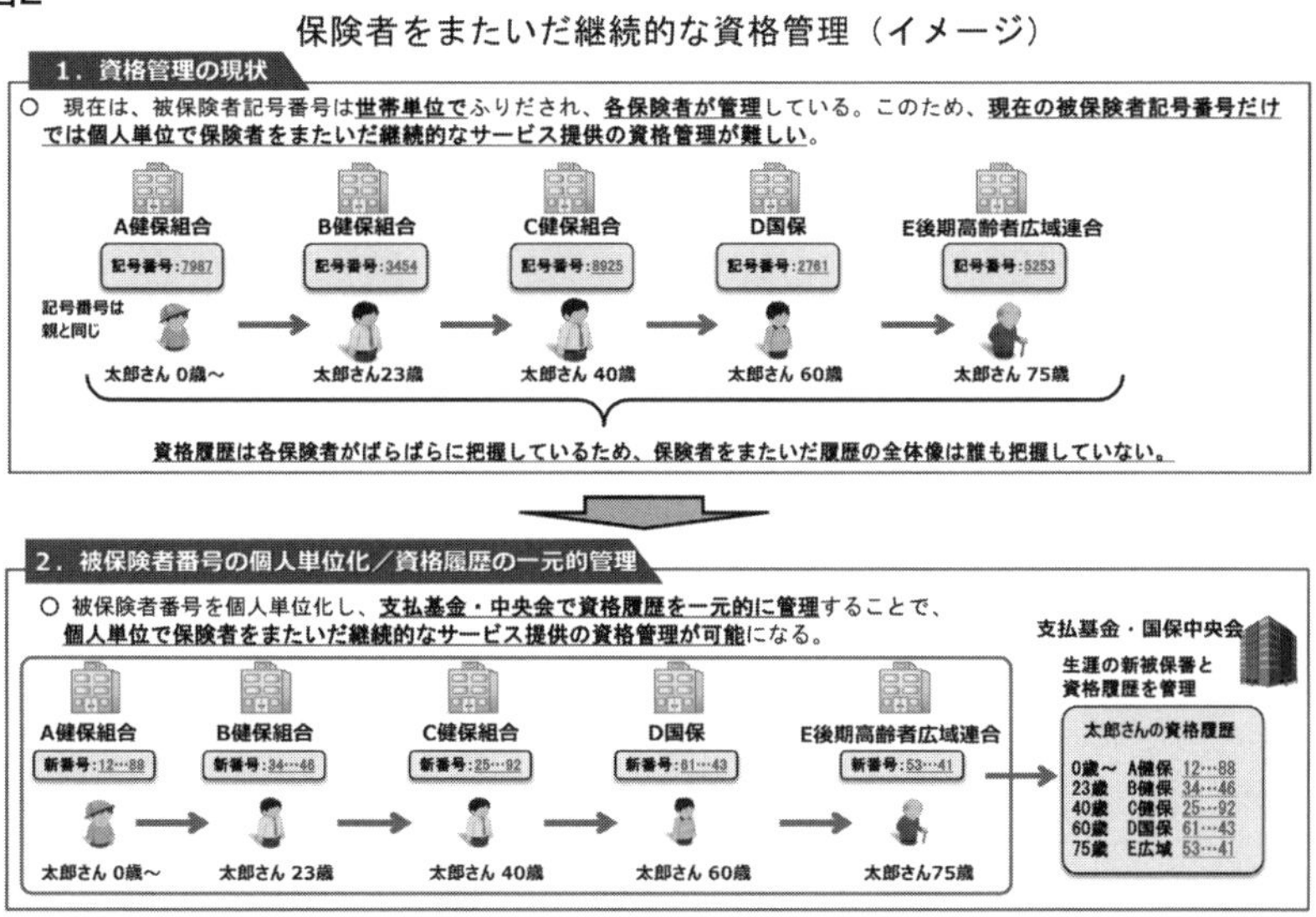

出典：第108回社会保障審議会医療保険部会配付資料「オンライン資格確認等について」厚生労働省保険局、2017年11月8日

1001と被保険者番号25…92が新たに紐付けられます。その際には、いつ、何番から何番へ変わったのかも記録されます。

ところで、オンライン資格確認によってもたらされるサービスは保険資格の確認だけではありません。医療機関等の窓口でマイナンバーカードを使って本人確認する際に、患者自身が同意すると、その医療機関等に自分の薬剤情報・特定健診等情報を提供することができます。2022年9月11日からは診療情報（審査支払機関に送られてきた電子レセプトから抽出した受診歴や診療行為名等）も提供情報に加わりました。また、こうした情報は本人のマイナポータルでも閲覧が可能です。

◆オンライン資格確認は過誤請求を防ぐため

政府は、オンライン資格確認は過誤請求を防ぐために必要だとしてきました。私たちが医療機関等で受診をすると、医療機関等はかかった費用のうちの健康保険の負担分を審査支払機関にレセプトで請求し、審査支払機関は請求が適正か審査をした上で健康保険組合等にこれを請求します。健康保険組合等は、この請求を受けて医療機関等に健康保険の負担分を支払います。

しかし、資格過誤による誤った請求が起きることがあります。会社を退職などすると健康保険組合の組合員としての資格を失い健康保険証は使えなくなります。ところが、医療機関等で資格が失われた健康保険証がそのまま使われることがあります。こうした場合、医療機関等は審査支払機関に請求をしても健康保険の負担分をもらえません。これが過誤請求です。

もっとも、過誤請求が起きても、請求先を改めたうえで再請求すれば医療機関等に損失が生じることはありません。東京保険医協会は「失効保険証による過誤請求は一般の診療所では年間せいぜい数件程度であり、また後で再請求可能で直接損失となるわけでもなく、これだけのシステムに見合うものとは考えられません」(東京保険医協会経営税務部担当副会長談話「保険証のオンライン資格確認とそれを進める法案に反対します」2019年3月13日)としています。

2015年に厚生労働省が「医療保険制度における社会保障・税番号制度の活用に関する調査研究事業」として行った調査では、審査支払機関における受付件数のうち、氏名の記載誤りも含め、資格過誤を原因として、医療機関等に返戻される件数の割合は、わずか0・27%に過ぎません。ほとんどが問題なく処理されているのです。また、返戻されるもののうち半分近くは資格が失われていることが原因ですが、3分の1は医療機関等での「記号・番号の誤り」「本人・家族の誤り」「患者名・性別・生年月日の誤り」などの転記ミス等を原因とするものです。こうした数字を見る限り、オンライン資格確認は過誤請求防止という点においては多額の費用を使ってまで行う必要がある事業だとは到底思えません。

ところで、ツイッター等のＳＮＳなどでは、顔写真の付いたマイナンバーカードを健康保険証にするのは、他人の健康保険証を使う成りすましを防ぐためだとする話が流れているようです。しかし、政府はそのような説明を公式には行っていません。厚生労働省が医療機関等に示しているオンライン資格確認のメリットは、過誤請求や入力ミスの防止、特定健診や薬剤情報、診療情報の閲覧が可能になることです。また、マイナンバーカードを健康保険証として使うと、診療情報がマイナンバーと結びつけられてしまうや、診療情報がマイナンバーカードに記録されるも誤解です。そのようなシステムにはなっていません。診療情報を含む医療情報を利活用する仕組みは、オンライン資格確認等システムを活用しつつ、もっと壮大なスケールで別途構築されつつあるのです（第3章を参照のこと）。

では、患者としてマイナンバーカードを健康保険証として使うメリットは何でしょうか。厚生労働省のウェブサイト「マイナンバーカードの健康保険証利用について」には、「顔認証で自動化された受付」、「正確なデータに基づく診療・薬の処方が受けられる」、「窓口での限度額以上の医療費の一時支払いが不要」になるから、「いつもの通院等が便利に」なるなどと書かれています[5]。これらは本当でしょうか。第4章で詳しく検討してみたいと思います。

◆低迷するオンライン資格確認

図1をよく見ると、「健康保険証でも資格確認が可能」と書かれていることがわかります。**図3**

図3

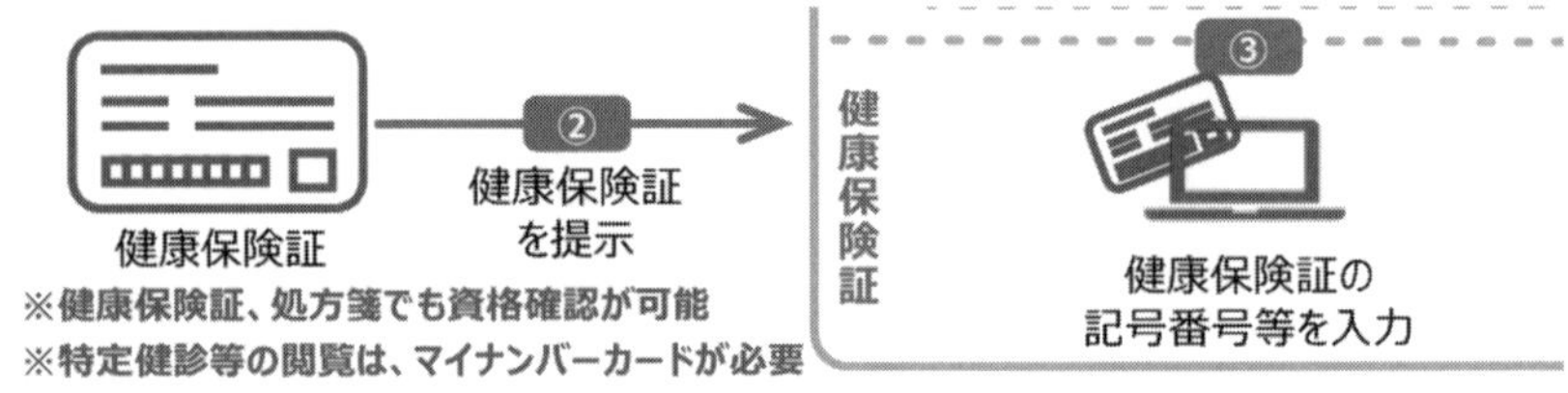

出典：「オンライン資格確認の導入で事務コストの削減とより良い医療の提供を　～データヘルスの基盤として～」厚生労働省保険局、2022年11月

は、その部分を拡大したものです。実はオンライン資格確認は、マイナンバーカードでなくても、窓口の職員が患者から受け取った健康保険証に記載されている被保険者番号などをオンライン資格確認等システムにつながったパソコンに入力することでもできるのです。もちろん手入力ですから、入力間違いもあり得ますが、その場合は該当者なしなどのエラーが返ってきますからすぐに訂正できます。

では、実際にオンライン資格確認はどの程度利用されているのでしょうか。厚生労働省のウェブサイトには「オンライン資格確認システムの導入状況」とともに、「オンライン資格確認システムの利用状況」が掲載されています[6]。これによると、2022年12月11日時点でオンライン資格確認システムを導入しすでに運用を開始している施設は義務化まであと3カ月半にもかかわらず、23万3施設の内8万7542施設とまだ全体の38・1%に過ぎません。特に診療所は医科が26・5%、歯科が29・0%と3割にすら達していません。

一方、2021年10月の本格利用の開始から2022年11月までのオンライン資格確認システムの利用件数は、マイナンバーカードによるものは約393万件であるのに対し、健康保険証（被保険者番号等の入力）によるは約5億2282万件と、およそ130倍と圧倒的に多くなっています。また、これらとは別に一括照会（医療機関等が事前に予約患者の保険資格が有効かどうか等を、オンライン資格確認等システムに一括して照会すること）も約８２３３万件行われています。

同サイトの数字から２０２２年11月のオンライン資格確認の利用状況を求めると、マイナンバーカードによるが１日あたり約３・０万件、運用を行っている医療機関等の１施設あたりにすると１カ月でわずか約10件、健康保険証によるは１日あたり約２４４万件、同じく１施設あたり月約８４０件となります。なお、同月のオンライン資格確認の利用数のうち、マイナンバーカードによるものの約４割、健康保険証によるものの約６割は薬局が行ったものであり、一括照会の約７割は病院によるものです。

このように健康保険証によるオンライン資格確認は、ある程度利用されているようですが、マイナンバーカードによる確認は全体の１％程度と極めて少ない状況です。オンライン資格確認は過誤請求を防ぐのに役立つとの政府の説明が事実だとしても、健康保険証で充分であることが、これらの数字からも明らかです。持ち歩くと危ないとされるマイナンバーカードを患者に通院の度に持参させる必然性など全くありません。

◆特定健診等情報の提供も進まず

医療機関等の窓口でマイナンバーカードを使って本人確認する際に、患者自身が同意――顔認証カードリーダーの操作画面で「提供する」を選ぶ――すると特定健診等情報・薬剤情報、診療情報を提供することができますが、これらの利用は進んでいるのでしょうか。厚生労働省のウェブサイトに掲載されている数字から2022年11月について見てみると、特定健診等情報17万4072件、薬剤情報43万5973件、診療情報9万8263件、合わせて約71万件（約半数は薬局による）となっています。1施設あたりで見ると11月全体でわずか8件ほどです。こちらも低迷しているようです。

オンライン資格確認はマイナンバーカードでなく、健康保険証でも可能ですが、診療情報等の医療機関等への提供の同意はマイナンバーカードを使った場合に限定されています。なぜ健康保険証ではできないのでしょうか。これらの情報は被保険証番号と紐づいているのですから、被保険証番号と同意書で提供できるようにすることは可能でしょう[7]。

2022年3月16日に福島県沖で地震が発生しました。この時、宮城県、福島県に所在地がある医療機関等に対し、オンライン資格確認等システムの災害時医療情報閲覧機能が翌日から同月23日まで開放されました。これはオンライン資格確認をマイナンバーカードどころか、健康保険証すらなくても、患者から口頭での同意を得られれば、医療機関等は氏名や生年月日、性別、住所などで患者の被保険者番号を取得し、特定健診情報・薬剤情報、診療情報を閲覧できるようにする措置です[8]。オンライン資格確認等システムは、もともとこのように作られているのですから、災害時でなくても被保険証番号をもとにこうした情報を閲覧できるようにすることはシステム的には可能でしょう。

なお、特定健診等の情報はマイナンバーカードを健康保険証にするための利用登録を行えばマイナポータルでも閲覧できます。厚生労働省のウェブサイトによると2022年11月の閲覧数は特定健診等情報が8570件、薬剤・診療情報6万1543件しかありません。同月末時点での健康保険証の利用登録件数約3500万弱に比べると、ほとんど利用されていないといってよいレベルです。

◆電子証明書はマイナンバーカードの「おまけ」

オンライン資格確認で使われる公的個人認証の電子証明書はオンライン上で自分が誰であるかを証明する、すなわち本人確認を行う仕組みです。マイナンバーカードの交付を受ける際に、ICチップに「署名用」と「利用者証明用」の2つの電子証明書が記録されます。署名用は役所などへの申請等をオンラインでするときに使われるもので、氏名、生年月日、性別、住所、シリアルナンバー、発行年月日、有効期間などが記録されています。一方、利用者証明用は住民票の写しや、印鑑登録証明書、課税証明書等の交付をコンビニエンスストアで受ける際（以下、「コンビニ交付」）や、健康保険証として使う際などに利用されるものでシリアルナンバー、発行年月日、有効期間などが記録されています。署名用は住民票に記載されている氏名や性別、住所などが変わると失効しますが、利用者証明用はそのまま使えます――本人が死亡した場合はどちらも失効。また、どちらも使うにはマイナンバーカードの交付時に設定した暗証番号が必要です。

もともとマイナンバーカードは勤務先や役所等に自分のマイナンバーを告げる際に、それが正しい番号であることを証明するための書類です。ところが電子証明書の機能を言わば「おまけ」として付けたことで、マイナンバーカードは本来の役割を越え、コンビニ交付の本人確認などに利用されることになりました。電子証明書を交付するのは市区町村ですから、市区町村は住民一人ひとりのシリアルナンバーを知ることができ、これを活用することは法的にもシステム的にも可能となっています。コンビニ交付では、シリアルナンバーは市区町村のコンピュータから住民票や印鑑登録などの情報を引き出す鍵として利用されています。

電子証明書はマイナポータルを利用する際の本人確認にも使われています。マイナポータルは、コロナウイルス禍で行われた10万円の定額給付のオンライン申請にも使われました。政府は、自治体などへの様々な申請について、今後、マイナポータルで「便利」「簡単」にできるようになっていくとして、マイナンバーカードを持つ必要性の1つにあげ、テレビなどで盛んに宣伝しています。

また、電子証明書が使われるのは公的分野だけではありません。政府は民間事業者に対し、電子証明書利用のメリットを強調しその利用を促して来ました。すでにオンラインでの銀行や証券の口座開設、住宅ローン申し込み、携帯電話の契約などの際の本人確認など民間分野での利用も始まっています。

マイナンバーカードの有効期間は、発行日から10回目の誕生日（未成年者は5回目）まで、一方、電子証明書の有効期間は、年齢を問わず発行日から5回目の誕生日までです。マイナンバーカードか、電子証明書のどちらかの有効期間が切れれば健康保険証として利用することはできませんから、健康保険証として使い続けるには、5年に一度は手続きのために市区町村の窓口へ出向かなければなりません[9]。

なお、電子証明書のシリアルナンバーは、マイナンバーカードや電子証明書が更新されると、新たな番号に変更されますが、シリアルナンバーは履歴管理されており、被保険者番号との紐付けが切れることはありません。例えば、被保険者番号34…46の太郎さんのシリアルナンバーが1001から2002に変わった場合、太郎さんの被保険者番号34…46は新たにシリアルナンバー2002と自動的に紐付けられます。

1　第5回デジタル・ガバメント閣僚会議（2019年9月3日）での配付資料「マイナンバーカード交付枚数（想定）・マイナンバーカードの健康保険証としての医療機関等の利用環境整備に係る全体スケジュール」。

2　厚生労働省・第151回社会保障審議会医療保険部会（2022年5月25日）における配付資料「オンライン資格確認等システムについて」。

3　骨太の方針について議論する経済財政諮問会議の2021年4月13日の会合で、新浪剛史・サントリーホールディングス社長、中西宏明・日立製作所会長ら有識者議員から「各企業の健保組合において、単独の健康保険証交付をとりやめ、完全な一体化を実現すべき」との提案がなされていました。

4　顔認証カードリーダーの場合でも、顔認証を使わずに暗証番号で本人確認することを患者が自ら選択することも可能です。また、医療機関等は顔認証機能の付いていない汎用のカードリーダーを使うことも可能（自費で調達）です。この場合、本人確認は暗証番号入力で行います。

5　厚生労働省「マイナンバーカードの健康保険証利用について」https://www.mhlw.go.jp/stf/newpage_08277.html

6　厚生労働省「オンライン資格確認の導入について（医療機関・薬局、システムベンダ向け）」https://www.mhlw.go.jp/stf/newpage_08280.html

7　カメラ機能が付いていない汎用のカードリーダーで資格確認する場合は、患者から同意書をもらうことで特定健診等情報・薬剤情報、診療情報の閲覧が可能なようにオンライン資格確認等システムは作られています。

8　オンライン資格確認等システムの管理者である社会保険診療報酬支払基金は、生命・身体の保護のために必要がある場合は患者が意識不明等により本人の意思が確認できなくても、特定健診情報・薬剤情報、診療情報を閲覧できるとしています。

9　2022年5月の郵便局事務取扱法の改正により、市区町村が指定した郵便局の窓口でも、電子証明書の発行・更新等が可能となっています。

第2章　マイナンバーとマイナンバーカード

◆マイナンバー制度とは

ここであらためてマイナンバー制度とは何かを見てみましょう。マイナンバー制度は、マイナンバー（個人番号）とマイナンバーカード（個人番号カード）から成り立っています。マイナンバーは住民票のある国民と中長期在留者や特別永住者等の在留外国人（以下、「国民等」）に付番された12桁の番号であり、複数の行政機関等が保有する個人情報を同一人のものであることを確認するための番号です。一方、マイナンバーカードは自分のマイナンバーはこれだと証明するためのものであり、本人からの申請により交付されます。もちろん取得は任意です。

マイナンバーとマイナンバーカードが、それぞれの役割を果たせるように作られたのが、①マイナンバーを使って行政機関等の間で個人情報をやりとりする情報提供ネットワークシステム、②情報提供ネットワークシステムを活用することで自己情報の確認などができるようにしたマイナポータル、そして③公的個人認証の電子証明書です。これらを包括的に管理しているのは内閣総理大臣をトップに置くデジタル庁と総務省であり、これらのシステムを日々運用している地方公共団体情報システム機構（J－LIS）を所管するのもデジタル庁と総務省です。

ところで、マイナンバー制度を話題にすると必ず出てくるのは、住基ネット（住民基本台帳ネットワーク）は失敗した、廃止されたという話です。これは誤解です。マイナンバーと住民票記載情

マイナンバーとマイナンバーカードの違い　（黒田充　作成）

	マイナンバー（個人番号）	マイナンバーカード（個人番号カード）
どのようなものか	個人を識別、特定するための12桁の番号。	マイナンバーが記載されたＩＣチップ付きのカード。 ＩＣチップには、公的個人認証の電子証明書等が記録されている。
対象は誰か	住民票を持つ日本国内の全ての住民（国民、特別永住者、中長期在留者等）に、本人の意思とは関係なく、既に付番されている。	希望者が、住民票のある市区町村に交付申請を行うことで取得する。 取得は義務ではなく任意。
何に使われるのか	市区町村や都道府県、税務署、日本年金機構、ハローワーク、健保組合などの行政機関等が持つ個人情報に紐付けることで、行政機関等が、他の行政機関等から個人情報を取得したり、特定の者に関する個人情報を名寄せしたりできるようにするもの。	勤務先や役所等にマイナンバーを告げる際に、自分の番号であることを証明するためのもの。 券面に氏名・住所・顔写真等が記載されていることにより身分証としても利用できる。 ＩＣチップ内の電子証明書を使うことで、オンライン資格確認や、コンビニでの住民票の写しなどの交付、電子申請等ができるマイナポータルを利用する際の本人確認などにも利用される。

報（住所、氏名、性別、生年月日等）を結びつけているのは、全国の市区町村の住民票システムとつながっている住基ネットです。また、電子証明書を発行する公的個人認証のシステムも住基ネットの住民票情報に依拠しています。住基ネットは、マイナンバー制度全体を下から支え続けているのです。失敗もしていませんし、廃止もされていません。では、住基カード（住民基本台帳カード）はどうでしょう。確かにマイナンバーカードの交付が始まることで廃止されましたが、マイナンバー制度を推進する側から見れば、マイナンバーカードの試作品として問題点を洗い出すことができ大成功したとも言えます――巻き込まれた国民は災難ですが。

◆プロファイリングとＩＤ、そしてＡＩ

今日、私たちはスマホやインターネット、クレジットカード、ポイントカード、ＡＴＭ、SuicaやICOCAなどのＩＣカード乗車券、ＥＴＣ、健康保険など、便利なサービスを享受するために、たくさんの個人情報――メール、ウェブ検索や閲覧、位置、購買、預貯金、行動、移動、診療、投薬等々――をばらまき暮らしています。もし、これらをかき集め、誰のものか特定し、巧みに組み合わせることができれば、人物像――職業や収入、資産だけでなく、行動パターン、趣味・趣向、思想・信条なども――を推定するプロファイリングを行い、「あなたはこういう人間だ」と決めつけ、選別や排除することが可能となります。

購買履歴から所得や趣味を推測し、購入可能性の高い商品の案内を行うことが、今や当前のようになっていますが、生育歴や健診結果から将来の発病の可能性を予測し、生命保険料を変える、生活習慣や受診・投薬の履歴から、これ以上は無駄だとして医療提供を制限する、読書履歴やSNSへの投稿から思想傾向を推測し、投票先を誘導する、交友関係などからテロ犯の可能性ありとして、航空機への搭乗を拒否することなどもあり得ます――こうした選別と干渉のいくつかは、程度の差はあるものの、一部の地域や国々では実用化されているようです。

プロファイリングを正確かつ効率的に行うためには、その個人情報が誰のものであるかを正確に識別するID(識別子)が必要不可欠です。クレジットカードやポイントカードの番号は、こうしたIDの一種であり、携帯電話番号やメールアドレスもIDとして機能しています。

一般にプロファイリングや、その結果に基づく選別等には、AI(人工知能)などのコンピュータが使われます。AIは事前に学習のために与えられた膨大なデータからパターン(法則性)を発見し、このパターンを対象者にあてはめることで選別等を行います。例えば、テロを起こす可能性がある者を探し出す場合、まず過去にテロを起こした者の個人情報をAIに学習データとして与えます。このデータからどういったタイプの人間がテロを起こすのかといったパターンを発見します。そしてこのパターンをプロファイリングの対象者、例えば全ての国民にあてはめることで、テロを起こす可能性のある者を見つけ出します。もちろん可能性であって、選び出された者がテロを必ず起こすわけではありません。しかし、そう決めつけられた者は、本人の意思とはかかわりなく一方的に「テロを起こす可能性あり」のラベルが貼られたバーチャルの箱に放り込まれることになります。

もしも与える学習データに偏りや誤りがあればどうなるでしょう。当然、判断にも偏りが生じることになります[10]。ところが、ＡＩは人間のような偏見を持たず公平だと思い込み、回答を正しいと信じてしまう危険性が存在します。自動販売機や自動改札機がエラーを起こした際に、まず疑われるのは私たち利用者の方です。また、なぜＡＩがそう判断したのか、推論の過程や根拠が誰も分からないという事態（いわゆる「ブラックボックス化」）も起きることになるでしょう。ＡＩが行ったプロファイリングの結果、あなたが、例えば「テロを起こす可能性あり」と書かれたバーチャルの箱に放り込まれてしまった場合、果たして努力さえすれば抜け出すことは可能なのでしょうか。山本龍彦・慶應義塾大学大学院教授は「明確な理由もわからずＡＩの予測評価によって社会的に排除され続けている者たちが多数存在」する仮想空間を「バーチャル・スラム」と表現しています[11]。

◆ＩＤとしてのマイナンバーとプロファイリング

小泉政権（２００１～６年）は、構造改革の一環として社会保障給付の削減を目的に「『真』に支援が必要な人に対して公平な支援を行うことができる制度」（「経済財政運営及び経済社会の構造改革に関する基本方針（骨太の方針２００１）」２００１年６月26日閣議決定）の実現を構想しました。個人情報を集め、国民一人ひとりをプロファイリングすることで「あなたへの支援は『真』ではない」と国が一方的に判定し、排除する仕組みです。そのためのＩＤとして考えられたのが社会保障番号です。

マイナンバー制度は、社会保障番号の考えや役割を継承するものとして２０１６年１月にスタートしました。内閣府（デジタル庁発足前にマイナンバー制度を所管）や総務省の資料には、マイナンバーは「所得把握の精度を向上」する納税者番号であるとともに、「年金・福祉・医療等の社会保障給付について、真に支援を必要としている者に対し迅速かつ適切に提供」する社会保障番号だと明記されています[12]。

より正確なプロファイリングには、より多くの個人情報が必要です。マイナンバーは、現在、年金や健康保険、所得税、住民税、雇用保険、特定健診結果、ワクチン接種記録などの情報と紐付けられています。また、預貯金口座へのマイナンバーの付番については預貯金者からの任意の届出として２０１８年１月から始まっていましたが、これとは別に２０２２年３月からは国や自治体からの給付を受け取るための公金受取口座をマイナンバーと紐付けて登録する制度も任意の形でスタートしています[13]。さらに２０２４年からは預貯金者の意思に基づき、１つの金融機関にマイナンバーを登録するだけで、他の金融機関にある同名義の口座にもマイナンバーを自動的に紐付けてくれる〝便利〟な制度も始まります。戸籍情報についても、戸籍法などの改正により２０２３年度にマイナンバーとの紐付けが行われる予定です。

社会保障と税分野の国家資格とマイナンバーを紐付けることも番号法の改正によりすでに決まっており、２０２４年度に開始に向け準備が進められています。対象となるのは、医師、歯科医師、薬剤師、看護師、准看護師、保健師、助産師、理学療法士、作業療法士、視能訓練士、義肢装具士、言語聴覚士、臨床検査技師、臨床工学技士、診療放射線技師、歯科衛生士、歯科技工士、あん摩マッサージ指圧師、はり師、きゅう師、柔道整復師、救急救命士、介護福祉士、社会福祉士、精神保健福祉士、公認心理師、管理栄養士、栄養士、保育士、介護支援専門員、社会保険労務士、税理士の32の国家資格です。マイナンバーと紐付けることで、これらの資格を持つ者の住所等の正確な把握だけでなく、就労状態や所得、世帯情報などの様々な個人情報を使ったプロファイリングと選別が可能となります。コロナウイルスによるパンデミックのような事態が再び訪れたときや、有事の際には医療関係者などの動員に活用されることになるでしょう。

政府はマイナンバーと紐付けられる個人情報を増やすだけでなく、紐付けられている個人情報のさらなる活用に向けた検討も進めています。2022年12月22日開催の経済財政諮問会議で決定された「新経済・財政再生計画　改革工程表2022」の別冊2「マイナンバーの利用拡大に向けたロードマップ」には、医療・介護の項に「保有資産に応じた負担の勘案」として「預貯金口座へのマイナンバー付番の状況を見つつ公平な応能負担の推進を検討」と書かれています。また、「所得情報等の活用・情報連携」の項には「固定資産への紐付けが進むことによって、所有者が不明な土地や空き家の問題への対応につながることも期待される」として、「固定資産へのマイナンバーの紐付けに資する取組と利活用の推進」とあります。

マイナンバー制度の狙いの1つは社会保障給付の面での活用ですから、カルテやレセプト、健診・検診結果などの医療情報や介護情報との関係がどうなるかに注意を向ける必要がありますが、政府はそこに留まらず利用範囲そのものの拡大を狙っています。番号法案が国会で審議された時期も含め、これまで政府はマイナンバーの利用範囲は社会保障・税・災害対策の3分野であると説明してきました。ところが２０２１年12月24日に閣議決定された「デジタル社会の実現に向けた重点計画」には[14]、この約束を反故にし、利用範囲を他分野に広げることが盛り込まれました。２０２２年6月7日に改定された同計画は、拡大へ向けた法改正を２０２３年に行い、２０２５年度までに新制度を実施するとしています。このようにマイナンバーを使ったプロファイリングに向けた準備は着々と進められているのです。

２０２１年6月18日に閣議決定された骨太の方針２０２１は、「マイナンバー制度を活用し、リアルタイムで世帯や福祉サービスの利用状況、所得等の情報を把握することにより、プッシュ型で様々な支援を適時適切に提供できる仕組みの実現」に向けた計画を具体化するとしています。所得が確定するのは、給与所得者は年末調整によって、自営業者等は確定申告によってですから、所得をリアルタイムで把握することは原理的に不可能ではないかといった根本的な疑問があります。しかし、政府が目指す「適時適切に提供できる仕組みの実現」の意が、社会保障給付の削減を目的にマイナンバーを使ったプロファイリングの実施――政府の基準に沿って、給付対象としてふさわしい国民か否かをあらかじめ選別する――であるのは間違いないでしょう。

◆マイナポイント進呈キャンペーンとキャッシュレス決済

マイナンバーカードを取得し、健康保険証としての利用登録と公金受取口座の登録をすると

図4

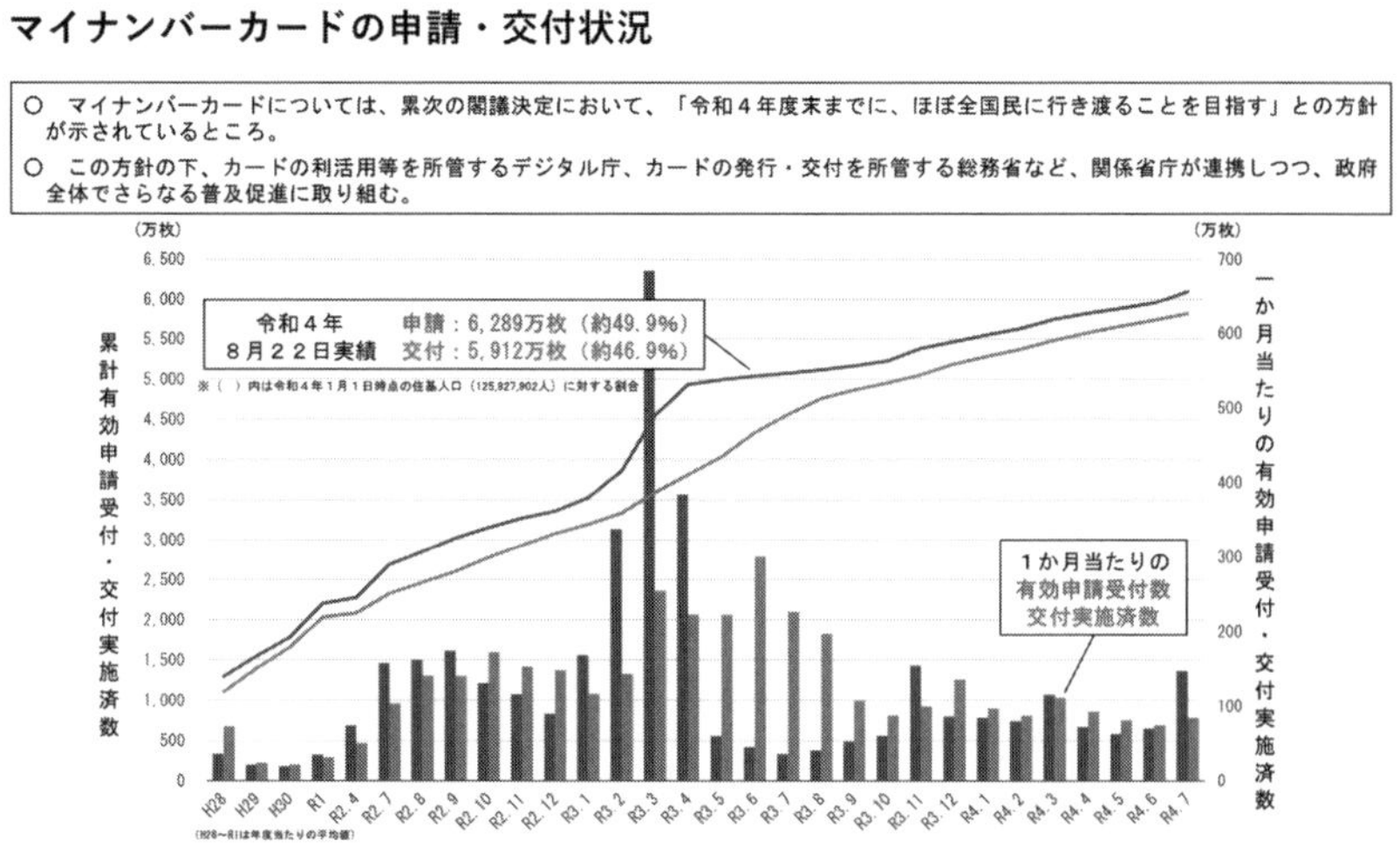

出典：マイナンバー制度及び国と地方のデジタル基盤抜本改善ワーキンググループ（第5回）配付資料「マイナポータルAPI（情報取得系）の現在地と将来像」デジタル庁、2022年8月25日

2万円分のマイナポイントがもらえる事業が1兆8千億円もの予算をもとに行われて来ました。

2022年8月の「マイナンバー制度及び国と地方のデジタル基盤抜本改善ワーキンググループ（第5回）」でデジタル庁が示した資料「マイナンバーカードの申請・交付状況」（**図4**）によれば、申請数はマイナポイント付与の第1弾の締切りであった2021年4月末の直前の3月に約700万件、4月に約400万件を記録したものの、以降は50万件前後と低迷していました。政府目標は2023年3月末までに、ほぼ全ての国民等にマイナンバーカードを持たせることですが、交付数は8月22日時点ではまだ半数にも達しない5912万枚（46・9％）に過ぎませんでした。

これでは目標達成は危ういと政府は見たのでしょう。ポイントがもらえるマイナンバーカードの交付申請期限を当初の2022年9月末から12月末へと3カ月延長しました（後に2023年2月末まで再延長）。しかし、どうしても持ちたくない人も多数いるでしょうから、延長しただけでは、2023年3月末までにほぼ全ての国民にマイナンバーカードを取得させることは困難でしょう。だからこそ、健康保険証の廃止の期限を、ある種の脅しとして出してきたのです。なお、先の資料によれば、公金受取口座の登録は最初にポイント付与の期限とされていた9月末直前の8月21日時点では、まだ1188万件（国民の約1割）に留まっていました[15]。

注意が必要なのは、マイナポイントの付与がマイナンバーカードの取得を促すことだけが目的ではない点です。2017年6月、政府はキャッシュレス決済比率を2027年に4割程度に引き上げるとする計画「未来投資戦略2017」を閣議決定し、翌年、経済産業省はこれを2年前倒しにする「キャッシュレス・ビジョン」を策定しました。キャッシュレス決済は、商品などの代金支払に、現金ではなく、クレジットカードなどを使うことですが、近年ではスマホを使った○○ペイなどが広がっています。ビジョンはキャッシュレス化先進国ではキャッシュレス決済比率が2015年時点で4～6割なのに対し、日本は2割弱と遅れていると危機感を露わにしていました。2018年7月には、ビジョンが示した「キャッシュレス推進活動の推進役となる機関の設立が必要」に基づき、一般社団法人・キャッシュレス推進協議会が設立されています。経済産業省や国土交通省、総務省、内閣府、日本銀行などをオブザーバーとする同協議会には、キャッシュレス決済事業者や大規模小売事業者などだけでなく、100近い自治体も名を連ねています。

一方、総務省は、自治体が住民にボランティア等への景品としてポイントを渡し、地域の商店や公共施設等で現金代わりに使ってもらう自治体ポイント事業をマイナンバーカードの活用に向けた実証実験（公的個人認証の電子証明書を利用）として2017年から進めてきました。しかし、ボランティア等でポイントを貯めるのは難しく、使える商店等も少なく、広がりませんでした。

この自治体ポイントに目を付けた政府は、名称をマイナポイントに変え、システムを流用し、マイナンバーカードを取得した際の「おまけ」として渡す事業を2020年7月から始めました。もらったマイナポイントはそのままでは使えません。○○ペイなどのキャッシュレス決済サービスに登録し、ポイントなどに交換する必要があります。マイナンバーカード取得によりマイナポイントを付与された者が増えれば、キャッシュレス決済サービスへの登録者も自ずと増え、キャッシュレス決済比率も上がるだろうという目論みです。

このようにマイナポイントの付与は、総務省や内閣府が進めて来たマイナンバーカード普及政策に、経済産業省が進めて来たキャッシュレス化政策を抱き合わせたものなのです。現在、政府は給与を現金や口座振込ではなく、○○ペイなどで支払う「デジタル給与払い」を進めようとしていますが、これもキャッシュレス化政策の一環です。○○ペイで給与が支払われれば、当然、○○ペイで商品やサービスなどの購入をすることになり、キャッシュレス決済比率は経済産業省の思惑通り上昇することになるでしょう。

ところで、現金支払いでは、誰が、いつ、何を、どこで買ったかといった購買履歴の把握は困難です。しかし、キャッシュレス決済では、商品を売った企業だけでなく、キャッシュレス決済サービスを提供する企業も正確な購買履歴を把握することができます。こうした情報があれば、より効率的に顧客に応じた商品・サービス情報の提供や、顧客の選別・ランク付け・優遇などが可能となります。現に、インターネット通販やクレジットカード会社などの中には、利用額や利用回数に応じたランク付けを顧客に対して行い、サービス内容に差を設けているところもあります。

こうした購買履歴が1つの民間企業の中に収まっている段階では、それほど大きな問題ではないかも知れません。しかし、キャッシュレス決済を通じて企業の垣根を越え、さらに行政機関等の持つ個人情報とつながれば、より正確なプロファイリングと、より効率的な選別の実現へとつながっていくことになるでしょう。

◆公的給付もポイントで

政府は公的な給付をポイントで行うことも考えています。2019年6月閣議決定の骨太の方針2019は「行政サービスと民間サービスの共同利用型キャッシュレス決済基盤の構築を目指」し、「国や地方公共団体が実施する子育て支援金など各種の現金給付をポイントで行うことも視野に入れ、関係府省や地方公共団体と検討を進め、真に必要な国民に対して、きめ細かい対応を可能にするとともに、不正受給の防止、事務コストの削減など、効果的な政策遂行にもつなげること」で、これを「将来的な拡張性や互換性も担保したナショナルシステムとしての基盤」とするとしています。

自治体ポイント事業は2021年度末に終了しましたが、2022年10月末からは名称を「自治体マイナポイント」に替え40余りの自治体で再スタートしました。自治体マイナポイントは住民に対して給付事業として渡されるもので、〇〇ペイなどに交換できるようになっています。総務省は自治体マイナポイントのメリットとして、給付事務をオンラインで可能とすることで行政や住民の手続負担の軽減や迅速な給付ができる、マイナンバーカードの本人確認機能（公的個人認証の電子証明書）を活用した正確で重複のない給付が実現できる、民間キャッシュレス決済サービス事業者との連携により使いやすい形での給付が実現できるなどとしています[16]。

２０２１年度には、骨太の方針２０１９の「子育て支援金など各種の現金給付をポイントで行う」を先取りした自治体マイナポイント付与の先行モデル事業が、大仙市（出産３万５０００～６万円分、結婚１万２０００円分）、木津川市（ごみ拾いウォーキングへの参加１０００円分）、宮崎市（出産３万円分）などで行われました。さらに制度が正式に始まった２０２２年度には、土浦市：18歳以下の市民への生活支援（１万円分）、前橋市：29歳以下の市民への生活支援（５０００円分）、姫路市：出産祝い（５０００～４万５０００円分）・婚活サポート事業への参加（１０００～３０００円分）・健康指導の受講（５００～１５００円分）等、西都市：中学生以下の子どものいる世帯への生活支援（１万円分）などのポイント付与事業が行われています。また、こうした生活支援的なものではなく、マイナンバーカードの取得促進を目的に取得者全員にポイントを付与する事業を行っている自治体もいくつかあります。

マイナポイントを活用したキャッシュレス化の推進は、プロファイリングによって「（支援が）真に必要な国民」を選別し、「不正受給の防止」という名の社会保障給付の削減を行うと共に、購買履歴など生活に密着した個人情報（公的給付の履歴が含まれる可能性も）を民間企業の「もうけ」に結びつけるための官民共同利用型キャッシュレス決済基盤を〝ナショナルシステム〟として構築することが目的なのです。と述べたものの筆者には、ナショナルシステムという和製英語（？）の意味はよくわかりません。もし、それが「国家機構」を指すとするなら、購買履歴など金銭のやりとりなどについての生活全般に関する個人情報を国家が把握、記録する仕組みを構築する意味となります。正気の沙汰とは思えないこうした仕組みの構築を本気で目指しているとは流石に考えられません。しかし、万が一そうであるなら、それは「超」監視国家を招く極めて危険な政策だと言わざるを得ません。

なお、自治体マイナポイント事業の事務局は経済産業省の主導によって設立された業界団体であるキャッシュレス推進協議会が担っています。

◆健康保険証化の次に来るもの

２０１９年６月４日のデジタル・ガバメント閣僚会議（議長：菅義偉官房長官）で決定された「マイナンバーカードの普及とマイナンバーの利活用の促進に関する方針」は、安全衛生関係各種免許、技能講習修了証明書、技能士台帳、ジョブ・カード、大学等における職員証・学生証、健康保険証、お薬手帳、ハローワークカード、教員免許状、運転経歴証明書、障害者手帳などの各種カードとマイナンバーカードの一体化を図るとしていました。さらに今日では、ここに運転免許証や在留カード、医師や歯科医師、看護師など社会保障と税分野の32の国家資格証も加わっています。マイナンバーカードさえ示せば、自分が持つあらゆる資格を証明することができる、すなわちマイナンバーカードが万能身分証になる時代を政府は実現しようとしているのです。

図5

キャッシュカードによる預金残高の確認とマイナンバーカードによる資格情報の確認の比較

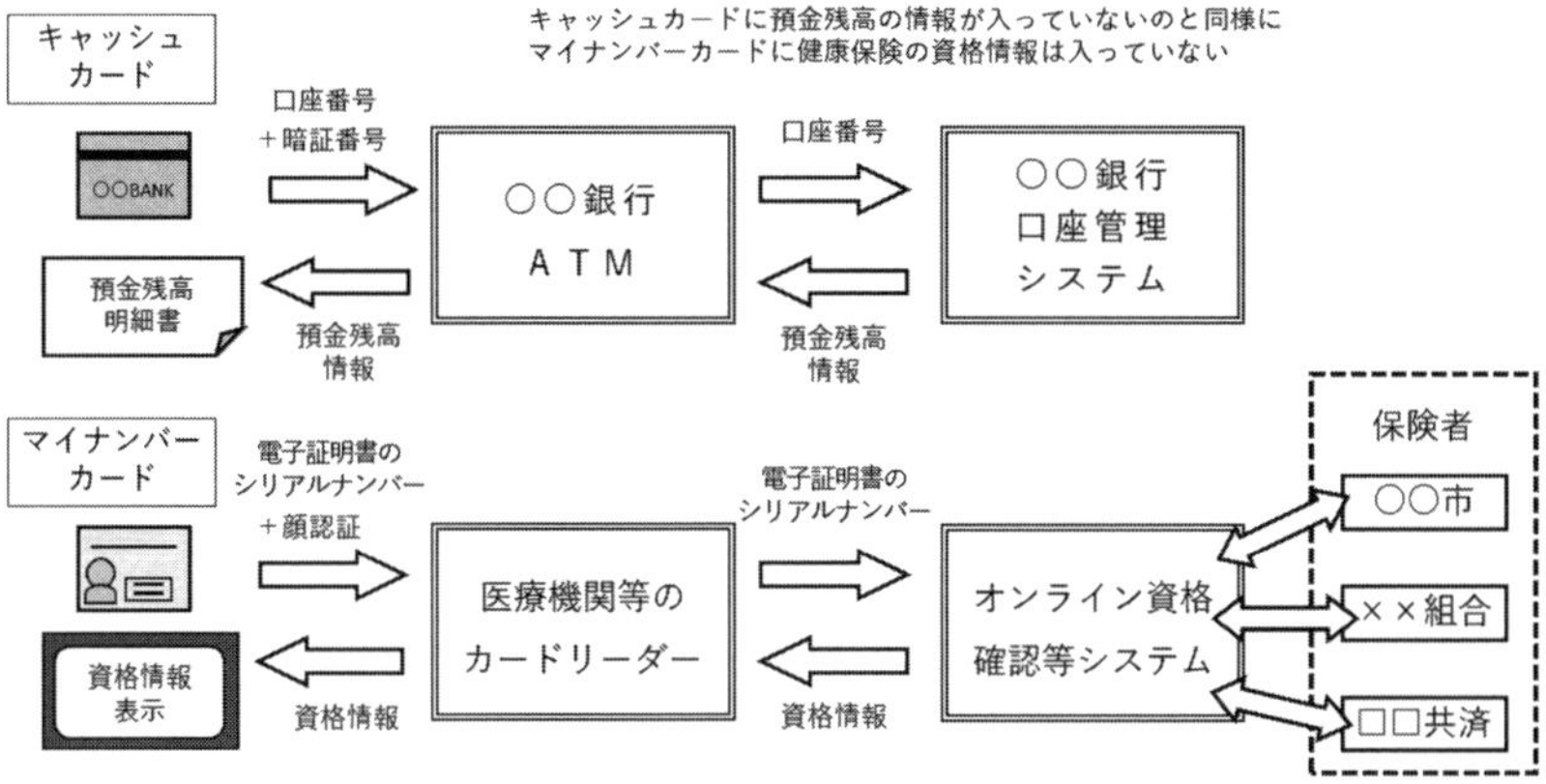

黒田充　作成

　ところで、銀行口座の預金残高を調べる時のことを考えてみましょう（**図5**）。私たちはＡＴＭにキャッシュカードを読み込ませ、暗証番号を入力します。キャッシュカードの磁気ストライプか、ＩＣチップに記録されている口座番号と暗証番号で本人確認をし、銀行のデータセンターの預金の記録をもとに預金残高が示されます。磁気ストライプやＩＣチップに預金残高の情報は入っていません。

　同様に、マイナンバーカードを健康保険証として使う場合も、マイナンバーカードに健康保険の資格情報が入っているわけではありません。マイナンバーカードのＩＣチップに記録されている電子証明書のシリアルナンバーと顔認証で本人確認をし、支払基金・国保中央会のオンライン資格確認等システムから資格情報が医療機関等に提供されるのです。マイナンバーカードの電子証明書のシリアルナンバーは、キャッシュカードの口座番号と同様にデータセンターから情報を引き出す鍵――誰に関する情報を提供するのかを知る――になっているだけです。

電子証明書を活用したこうした方法なら、各種免許・国家資格等の個人情報を持つ行政機関等は、マイナンバーカードを各種カードや国家資格証にする際に、個人情報をマイナンバーカードのICチップにいちいち記録する必要も、国民等が所持するマイナンバーカードに直接手を触れる必要もありません。

◆マイナンバーカードは万能身分証に

2022年6月7日に閣議決定された「デジタル社会の実現に向けた重点計画」には、「令和3年度(2021年度)に各種免許・国家資格等の範囲等についての調査を実施したため、この結果を踏まえ、令和5年度(2023年度)までに、資格管理者等が共同利用できる資格情報連携等に関するシステムの開発・構築を行った上で、令和6年度(2024年度)には、資格所持者が当該資格を所持していることを、マイナンバーカードの電子証明書等を活用して証明、提示できるように、デジタル化を開始する」と書かれています。免許や資格を管理する行政機関等が共同利用できる資格情報連携等のシステムが整備されれば、行政機関等は免許や資格情報の入ったコンピュータをこれに接続するだけで、マイナンバーカードで免許や資格を証明、提示することが可能となります(**図6**)。

こうして、マイナンバーカードで証明、提示できる事項は、政府が示す各種カード等の範囲を超えていくらでも拡大できるようになり、マイナンバーカードは万能身分証となるのです。もちろん、そのためには法令の改正やシステム整備などが必要ですが、関心を持つ国民が少なければ、いつの間

図6

マイナンバーカードによる資格情報の確認と各種免許・国家資格等の証明・提示の比較

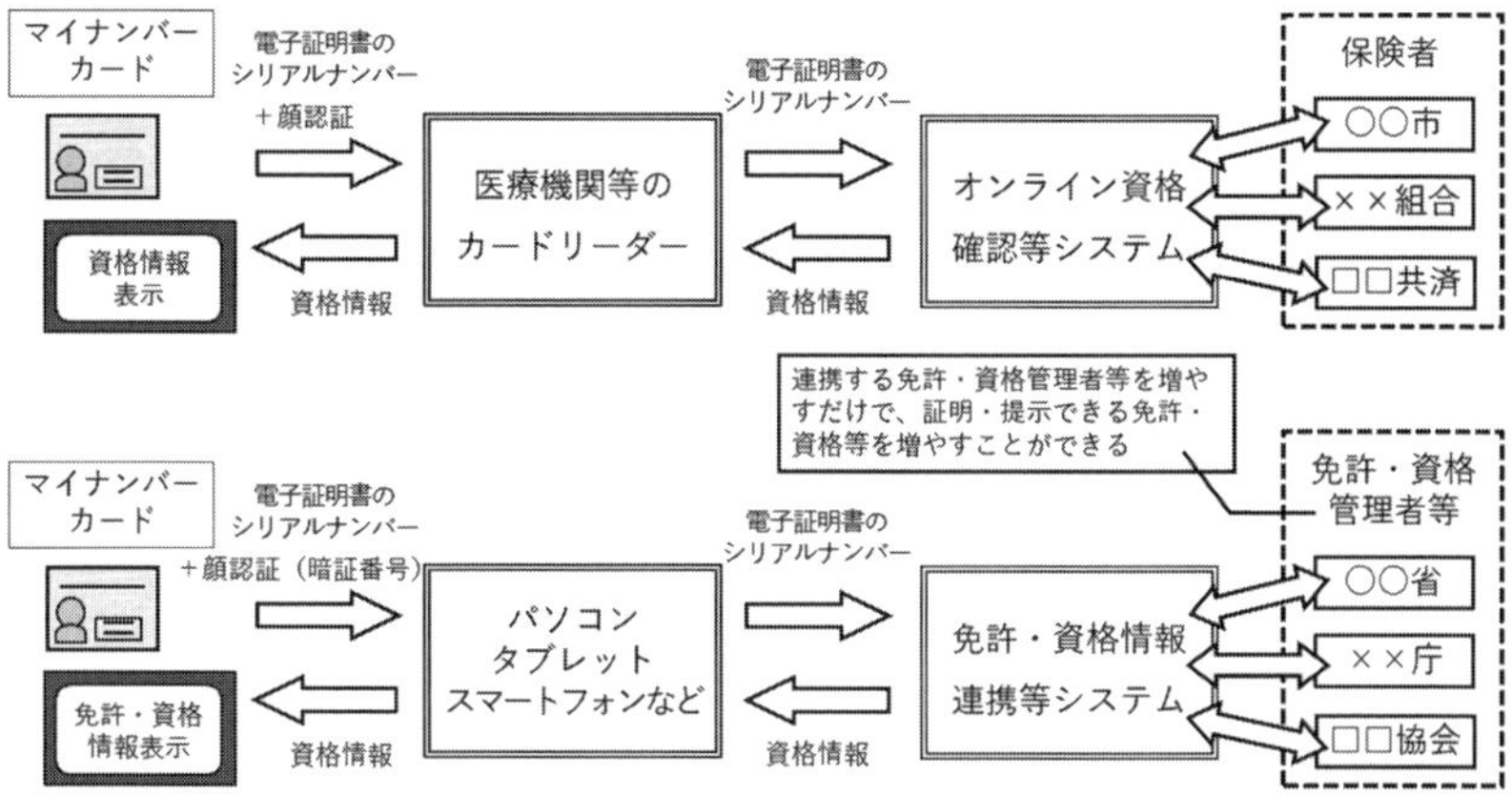

黒田充　作成

にか拡大されていたということになるのは間違いないでしょう。

なお、「デジタル社会の実現に向けた重点計画」に記されている2021年度に行った調査対象のうち32の社会保障と税分野の国家資格を除く免許・国家資格は、危険物取扱者、無線従事者、調理師、美容師、技能士、労働安全衛生法技能講習、労働安全衛生法免許、第1～2種電気工事士、宅地建物取引士、小型船舶操縦、消防設備士、工事担任者、保険医・保険薬剤師、介護支援専門員、理容師、監理技術者資格者証の交付を受けている者、測量士補、消防設備点検資格者、製菓衛生師、給水装置工事主任技術者、第1～3種電気主任技術者、認定電気工事従事者、一級建築士、貨物自動車運送事業運行管理者、動力車操縦者、海技士、測量士、狩猟免許です[17]。これらの全てがマイナンバーカードを使って証明する免許・資格の候補なのです。

ところで、マイナンバーカードの運転免許証化については2022年4月に道路交通法が改正され、2024年度末実施にむけた準備が進められていますが、これまで述べてきたマイナンバーカードの健康保険証化とは方式が異なるようです。改正された道路交通法は、マイナンバーカードに運転免許情報を本人の申請により記録することができるとしており、2020年11月10日に開かれた「マイナンバー制度及び国と地方のデジタル基盤抜本改善ワーキンググループ（第4回）」に提出された警察庁の説明資料「運転免許証のデジタル化」には、「携帯端末を用いた交通反則切符の自動作成に活用」とした上で、免許証の交付年月日・有効期間、免許の種類・番号、本籍、顔写真等の免許固有の情報をマイナンバーカードのICチップに記録すると書かれています[18]。運転免許情報をマイナンバーカードのICチップに記録する方式をとるのは、情報通信システムがダウンしたときのことを想定しているのか、警察庁のテリトリーを公的個人認証の所管官庁であるデジタル庁や総務省に侵させないとの強い決意なのか、そのあたりはわかりません。また、健康保険証のように運転免許証が廃止されるかどうかもまだ明確ではありませんが、改正された道路交通法は免許情報を記録したマイナンバーカードを持つ者は、運転免許証を返納することができるとしています。

◆マイナンバーカードは監視社会へのパスポート

想像してみてください。今から何年か後のある日、あなたは街頭で警察官から職務質問を受け、マイナンバーカードを出すように言われます。マイナンバーカードを警察官の持つタブレットにかざすとあなたが持つ免許や資格の情報が、電子証明書のシリアルナンバーで引き出され画面にずらっと並びます。さらには、シリアルナンバーと結びつけられているマイナンバーをもとに、住所や所得、職業、資産、健康、医療、介護などの様々な個人情報も画面に——そこにはあなた自身がもう忘れてしまっている過去の出来事に関するものも含まれているかも。安全・安心な社会のためには必要だと思われるかも知れませんが、こうした未来がやって来る可能性があることに私たちは留意しておく必要があるでしょう。政府は民間企業にも、電子証明書の利用を促していますからマイナンバーカードで引き出せる個人情報は、行政機関の持つものだけではなくなるでしょう。

さらに、政府はスマホで様々な行政手続を行えるようにするとして、電子証明書をスマホに搭載する準備を進めています。今日、スマホの画面に会員であることや、貯まっているポイントなどを表示させるアプリ（デジタル会員証）を採用する民間サービスが増えています。こうしたシステムの多くでは、ポイントや購買履歴はスマホ自体ではなく、その企業のコンピュータに記録されています。スマホのアプリに登録したＩＤが鍵となって、インターネットを経由して情報を取り寄せ画面に表示させるのです。

電子証明書のスマホへの搭載も同じです。電子証明書を鍵として、行政機関等の持つ様々な個人情報——将来的には民間企業保有のものも——をマイナンバーカードがその場になくても、スマホ画面に表示させることが可能となるでしょう。当たり前ですが、自分が医師なのか保育士なのか、はたまた電気工事士の資格を持っているのかがわからなくなって、スマホの画面で確認することなどまずあり得ません。資格を表示させるのは誰かに見せるためでしょう。今のところそうした機会はあまりないと思われますが、もし見せることを求められる、自分の意思に反して見せることを強要される、そんなことが普通になるとするなら、それはどんな社会なのでしょう。

マイナンバーカードの健康保険証化は、健康保険証の廃止によって取得を事実上義務付けるだけでなく、マイナンバーカードを万能身分証へと大化けさせるための最初の一歩であり、それは監視社会へ向かって大きく踏み出す一歩なのです。政府は、最近、広報などで「マイナンバーカードはデジタル社会のパスポート」との表現を始めていますが、マイナンバーカードはまさに監視社会へのパスポートとして機能していくことになりそうです。

本章の最後にマイナンバーカードの交付状況をあげておきます。総務省によると２０２２年11月末時点で約６７８５万枚（交付率53・9％）となっています。マイナポイント付与の当初の締め切りであった９月末での交付数は約６１６６万枚（同49・０％）ですから、２カ月間で伸びてはいるものの爆発的に増えているといった状況ではありません。ポイントの付与という〝飴〟に加え、健康保険証の廃止の表明という新たな〝鞭〟が加わったもとで、交付数の伸びがどうなって行くかに注目が集まりそうです。なお、11月末時点で、政令指定都市で最も交付率が高いのは神戸市の60・4％、市全体では宮崎県都城市の87・5％、特別区では中央区の65・０％、町村では大分県姫島村の93・4％となっています。一方、都道府県別では宮崎県が68・5％で最も高く、沖縄県が43・3％と最も低くなっています。なお、松本剛明総務大臣は２０２２年12月21日の記者会見において、「マイナンバーカードの交付率が高い、上位３分の１の市町村が達している交付率以上の市町村については、当該市町村のマイナンバーカードの交付率に応じた割増し率によって（普通地方交付税を）算定する」との考えを表明しています。

10　例えば、ＡＩに日本のこれまでの国会議員の名簿を事前学習させれば、ＡＩは「女性は国会議員には向いていない」との結論を出すことになるでしょう。なぜなら国会議員の名簿に載っている女性は圧倒的に少ないからです。もちろんこれは事前学習のデータ――日本社会の差別性を反映した現実――が偏っているからです。もし与えられたデータがＥＵ諸国のものであれば、ＡＩは全く違った結果を出すでしょう。

11　山本龍彦『おそろしいビッグデータ　超類型化ＡＩ社会のリスク』朝日新書。

12　例えば、内閣官房番号制度推進室、内閣府大臣官房番号制度担当「マイナンバー　社会保障・税番号制度　概要資料　（令和２年５月）」。

13　デジタル庁の「マイナンバー制度及び国と地方のデジタル基盤抜本改善ワーキンググループ」の第７回会合（２０２２年11月29日）では、「国民がより簡易に登録できるよう、給付等を行う行政機関等が口座情報等を保有している場合、公金受取口座として登録することに同意するかどうか回答を求める旨や、一定期間内に不同意の回答をしないときは公金受取口座の登録に同意したものとして取り扱われる旨等を事前通知した上で、不同意の回答をしなかった場合は登録する制度（行政機関等経由登録の特例制度）」の創設――公金受取口座の自動登録――に向けた番号法の改正案を２０２３年に提出するとの議論が行われました。

14　「デジタル社会の実現に向けた重点計画」は、高度情報通信ネットワーク社会形成基本法（ＩＴ基本法）に基づき２０２１年６月18日に閣議決定された後、同年５月に成立したデジタル社会形成基本法に基づき同年12月24日と２０２２年６月７日に改定され、それぞれ閣議決定されています。

15　デジタル庁の「マイナンバー制度及び国と地方のデジタル基盤抜本改善ワーキンググループ」の第７回会合（２０２２年11月29日）で配付された資料によると、同月27日時点での公金受取口座の登録数はまだマイナンバーカード取得者の半数以下の約２６９１万件に留まっています。

16　総務省「地方行政のデジタル化　マイナポイント事業」　https://www.soumu.go.jp/denshijiti/myna-point/index.html

17　デジタル庁・マイナンバー制度及び国と地方のデジタル基盤抜本改善ワーキンググループ（第３回）配付資料「マイナンバー制度の利活用について」。

18　同資料には、違反歴については「取締り実務・セキュリティの観点から不要」と書かれています。必要となれば通信回線を使って、その場に取り寄せれば済むという考えなのかも知れません。

第3章　オンライン資格確認と医療情報の利活用

◆「医療等分野の識別子」となった被保険者番号

マイナンバー制度の目的の1つは「年金・福祉・医療等の社会保障給付について、真に支援を必要としている者に対し迅速かつ適切に提供」ですから、マイナンバーと個人情報の紐付けがどこまで進むのかを考えるうえで、社会保障給付と密接に結びつく、カルテやレセプト、投薬、健診・検診結果など医療分野の情報とマイナンバーとの関係がどうなるのかが大きな焦点となるのは明らかです。ただし、結論を先に言うと、医療関係者からの強い反対もあり、マイナンバーを医療分野の個人情報――他人に知られたくない個人情報の筆頭であろう――に〝直接〟紐付ける計画は存在しません。では、医療分野の個人情報が、政府が進めるデジタル化政策において活用されないかというとそんなことはありません。

マイナンバーは使えない、使うのは良くないとの考えから、医療等分野で使う識別子をマイナンバーとは別に新たに創設することがかつて検討されました。厚生労働省の研究会が2015年に示した報告書には、医療等分野の個人情報の連携は「『見える番号』ではなく、電磁的な符号を識別子に用いて、人の手を介さずにシステム間で連携することが安全で効率的であるので、医療等分野の識別子（ID）については、セキュリティの観点から、書面への書き取りや人を介在した漏えいを防止するため、電磁的な符号（見えない番号）を用いる仕組みが適当である。また、『見える番号』の場合は、システム以外の方法での突合を誘引するおそれがあるので、安全で効率的な情報連携のインフラを志向する観点からも、電磁的な識別子（見えない番号）とすべきである」として、「見える番号」を明確に否定しました[19]。これは医療等分野における識別子は機微性の高い医療情報が対象となることや漏えいリスク等を考慮する必要が特にあると考えたからです。

ところが、政府は「未来投資戦略２０１８」（２０１８年6月21日、閣議決定）において、医療等分野の識別子について「個人単位化される被保険者番号も含めた基盤を活用する方向で検討し、本年夏、早急に結論を得て、医療等分野におけるデータ利活用を推進する」としました。健康保険証に記載された被保険者番号である「見える番号」を使う方向へと１８０度の転換をしたのです。その理由は新たな番号を使うとなればシステム改修等にコストがかかる、被保険者番号を使った方が安上がりで済むでした。未来投資戦略２０１８が閣議決定された2カ月後に厚生労働省の「医療等分野情報連携基盤検討会」が示した報告書「医療等分野における識別子の仕組みについて」（以下、「識別子の仕組みについて」）には、新たな識別子を発行するには「システムの構築が必要となるほか、医療機関側において、当該識別子を管理するためのシステム改修が必要となる。これに対し、被保険者番号履歴を活用する仕組みの場合には、既存のシステムやインフラの活用が可能であり、二重投資を回避し、医療機関等におけるシステム改修等を極力抑えて、効率的に医療情報等の共有・収集・連結を行うことが可能となる」と書かれています。

ここまでの議論の流れをまとめると、医療関係者等の強い反対などもありマイナンバーを医療情報に結びつけるのは危ないと判断。そこで、医療等分野の識別子は電磁的な符号（見えない番号）とすべきとなった。しかし、新たに「見えない番号」を作るとするとコストがかかる。もともとレセプトなどの医療情報とつながっている被保険者番号なら安上がりで良いぞと。個人情報保護よりもコストが優先されたのです。

ところで、被保険者番号が記載されている健康保険証は、これまで様々な場面で身分証代わりに使われ、表面のコピーも躊躇なく行われてきました。被保険者番号（記号・番号）をマイナンバーのように特別扱いする必要があるとは誰も思っていなかったでしょう。そんな被保険者番号をデータ化された医療情報を利活用するための識別子として使うのですから、マイナンバーを使うよりもむしろ危ないかも知れません。その点を政府も多少は自覚していたのか、健康保険法などを改正し、2020年10月1日以降、健康保険事業などの事務の遂行等以外の目的で被保険者番号の告知を求めることを禁止しました。しかし、禁止されたことをどれほどの国民が知っているのかは疑問です[20]。

◆医療DXとオンライン資格確認等システム

2022年10月12日、医療DX（デジタルトランスフォーメーション）推進本部の第1回会合が開催されました[21]。本部長は岸田内閣総理大臣、本部長代理に官房長官と厚生労働大臣とデジタル大臣、そして本部員として総務と経済産業の各大臣という陣容です。同本部は骨太の方針2022で示された「全国医療情報プラットフォームの創設」、「電子カルテ情報の標準化」などの取組を行政と医療・医学・産業の各業界が一丸となって進めるとともに、医療情報の利活用について法制上の措置等を講ずるために、同年10月11日の閣議決定に基づき設置された組織です。骨太の方針2022

図7

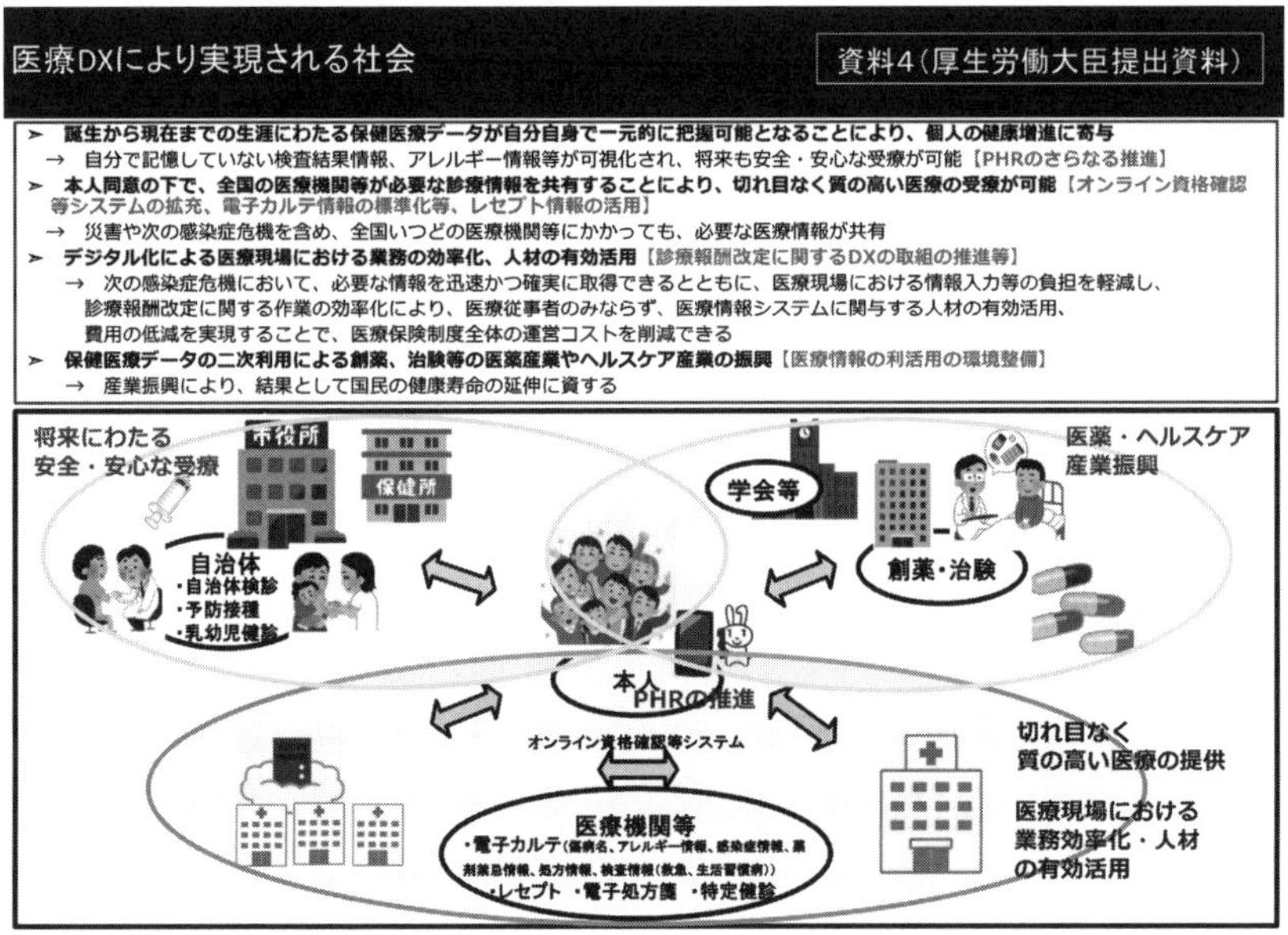
医療DXにより実現される社会
資料4（厚生労働大臣提出資料）
➢ 誕生から現在までの生涯にわたる保健医療データが自分自身で一元的に把握可能となることにより、個人の健康増進に寄与
→ 自分で記憶していない検査結果情報、アレルギー情報等が可視化され、将来も安全・安心な受療が可能【PHRのさらなる推進】
➢ 本人同意の下で、全国の医療機関等が必要な診療情報を共有することにより、切れ目なく質の高い医療の受療が可能【オンライン資格確認等システムの拡充、電子カルテ情報の標準化等、レセプト情報の活用】
→ 災害や次の感染症危機を含め、全国いつどの医療機関等にかかっても、必要な医療情報が共有
➢ デジタル化による医療現場における業務の効率化、人材の有効活用【診療報酬改定に関するDXの取組の推進等】
→ 次の感染症危機において、必要な情報を迅速かつ確実に取得できるとともに、医療現場における情報入力等の負担を軽減し、診療報酬改定に関する作業の効率化により、医療従事者のみならず、医療情報システムに関与する人材の有効活用、費用の低減を実現することで、医療保険制度全体の運営コストを削減できる
➢ 保健医療データの二次利用による創薬、治験等の医薬産業やヘルスケア産業の振興【医療情報の利活用の環境整備】
→ 産業振興により、結果として国民の健康寿命の延伸に資する
将来にわたる
安全・安心な受療
市役所
保健所
自治体
・自治体検診
・予防接種
・乳幼児健診
学会等
医薬・ヘルスケア
産業振興
創薬・治験
本人
PHRの推進
オンライン資格確認等システム
医療機関等
・電子カルテ（傷病名、アレルギー情報、感染症情報、薬剤禁忌情報、処方情報、検査情報（救急、生活習慣病））
・レセプト　・電子処方箋　・特定健診
切れ目なく
質の高い医療の提供
医療現場における
業務効率化・人材
の有効活用

出典：医療DX推進本部（第1回）配付資料「医療DXにより実現される社会」厚生労働省、2022年10月12日

は、全国医療情報プラットフォームを「オンライン資格確認等システムのネットワークを拡充し、レセプト・特定健診等情報に加え、予防接種、電子処方箋情報、自治体検診情報、電子カルテ等の医療（介護を含む）全般にわたる情報について共有・交換できる全国的なプラットフォーム」だとしています[22]。

第1回会合に厚生労働大臣が提出した資料（**図7**）を見てみましょう。「誕生から現在までの生涯にわたる保健医療データが自分自身で一元的に把握可能となることにより、個人の健康増進に寄与　→　自分で記憶していない検査結果情報、アレルギー情報等が可視化され、将来も安全・安心な受療が可能」、「本人同意の下で、全国の医療機関等が必要な診療情報を共有することにより、切れ目なく質の高い医療の受療が可能　↓　災害や次の感染症危機を含め、全国いつどの医療機関等にかかっても、必要な医療情報が共有」と書かれています。そして、**図7**の下部には、医療機関等の文字の下に「電子カルテ（傷病名、アレルギー情報、感染症情報、薬剤禁忌情報、処方情報、検査情報（救急、生活習慣病））、レセプト、電子処方箋、特定健診」とあります。これは医療機関等の間でこれらの医療情報をやりとりしたり、本人に開示したりするのに、オンライン資格確認等システムを使うという意味です。これが骨太の方針2022でうたわれた全国医療情報プラットフォームなのです。

医療DXによって、政府が言う通りのより良い医療が私たちに提供されるのなら、それは歓迎すべきことですが、ここではそれが事実なのかどうかはとりあえず横に置いておきます。注意していただきたいのは、なぜオンライン資格確認等システムがここに登場するのかです。

本書の冒頭で紹介した**図1**の右端の支払基金・国保中央会のところを拡大すると、オンライン資格確認で必要な被保険者番号、シリアルナンバー、資格情報とともに、特定健診情報等、薬剤情報等の文字も見えます（**図8**）。これらの情報は被保険者番号と結びつけた形で、健康保険組合や

図8

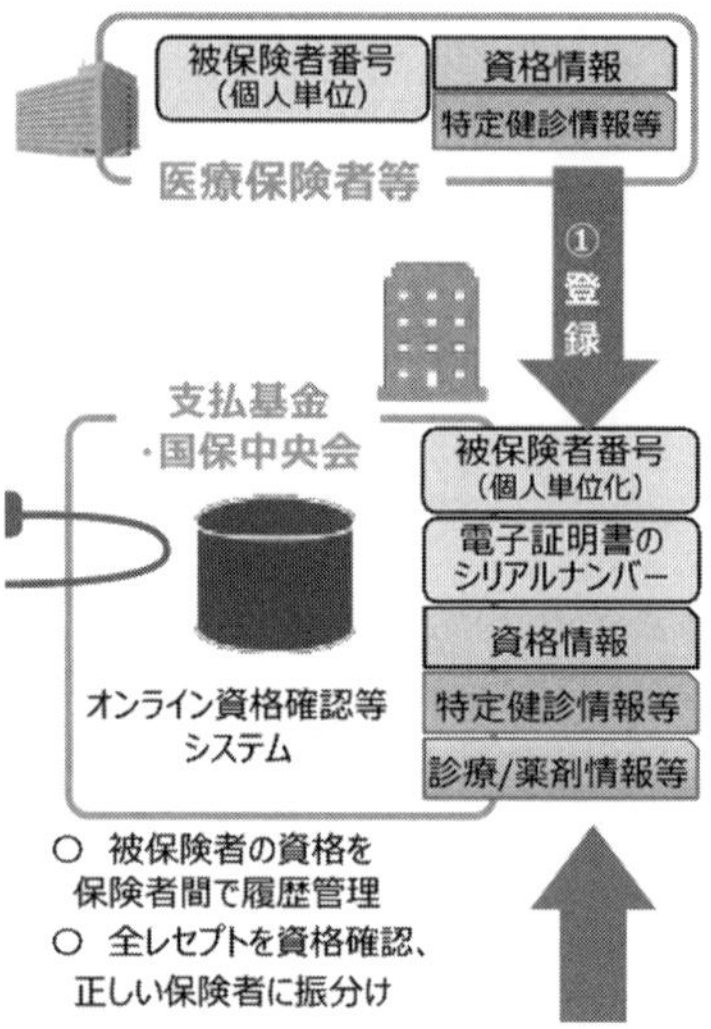

医療保険者等

○ 被保険者の資格を
保険者間で履歴管理
○ 全レセプトを資格確認、
正しい保険者に振分け

出典：「オンライン資格確認の導入で事務コストの削減とより良い医療の提供を　～データヘルスの基盤として～」厚生労働省保険局、2022年11月

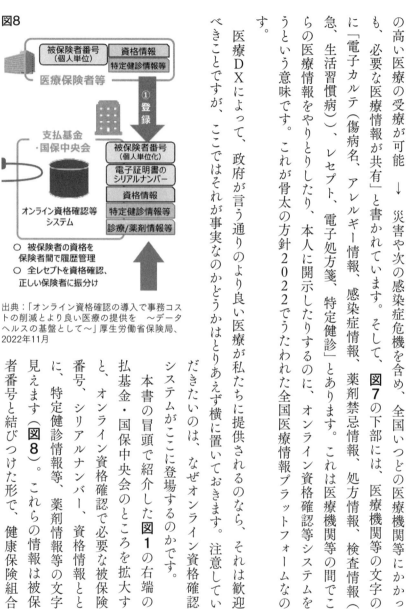

国民健康保険など保険者から提供されたものです。これができるのは医療機関等からレセプトなどの情報提供を受ける保険者と審査支払機関である支払基金や国保中央会、そしてオンライン資格確認等システムとがネットワークで結ばれているからです。

政府は、このネットワークを利用し、被保険者番号を識別子にして、国民皆保険制度のもと、全ての国民等の電子カルテやレセプト、予防接種、電子処方箋情報、自治体検診情報、さらには介護に関わる情報を一人ひとりについて集約し、活用しよう考えているのです[23]。レセプトについては支払基金や国保中央会が診療報酬等審査支払業務等のために被保険者番号と結びつけてすでに保有しています。一方、カルテはどうでしょう。カルテは被保険者番号とそれぞれの医療機関内で結びついており、電子化も全国の医療機関等である程度は進んではいます[24]。しかし、これをオンライン資格確認等システムのネットワークに載せ活用するにはカルテの標準化が必要不可欠——データ形式がバラバラでは集約も活用も不可——です。骨太の方針2022が電子カルテ情報の標準化を進めるとしているのはそのためです。

◆被保険者番号の履歴管理で、一生涯にわたる医療情報を把握

ここで疑問が湧いてくるかも知れません。転職や退職したり、市区町村が異なる住所へ引っ越ししたりすると被保険者番号は変わるから、被保険者番号では厚生労働大臣の資料にあるような「誕生から現在までの生涯にわたる保健医療データ」の管理などできないのではないかと。

そこは政府も考えています。厚生労働省の検討会が2018年に示した「識別子の仕組みについ

て」には「被保険者番号履歴を活用する仕組み」と書かれています。被保険者番号ではなく被保険者番号の〝履歴〟です。加入する健保組合や被保険者番号が変わったとしても、被保険者番号の履歴管理――就職・転職、転居等で被保険者番号が更新されても、何番から何番に変わったのかを記録し、特定、追跡できる――によって、一生涯にわたって医療等分野の情報を把握し、活用しようと考えたのです。

この被保険者番号を履歴管理する機能を持っているのがマイナンバーカードを健康保険証として使えるようにする仕組みであるオンライン資格確認等システムです。同時にオンライン資格確認等システムは、公的個人認証のシステムを運用している地方公共団体情報システム機構からシリアルナンバー変更の情報を受け取ることで、電子証明書のシリアルナンバーが更新等により変わっても、同一人物との判定を可能とする機能をもあわせ持っています。

骨太の方針2022が、オンライン資格確認等システムのネットワークを拡充することで「レセプト・特定健診等情報に加え、予防接種、電子処方箋情報、自治体検診情報、電子カルテ等の医療(介護を含む)全般にわたる情報について共有・交換できる全国的なプラットフォーム」が実現できるとし、医療DX推進本部の第1回会合に厚生労働大臣が提出した資料がオンライン資格確認等システムにより「誕生から現在までの生涯にわたる保健医療データ」を把握するとしているのは、オンライン資格確認等システムがこうした2つの機能を持っているからです。

◆謎の番号――「紐付番号」

図9

紐付番号と被保険者番号の履歴管理

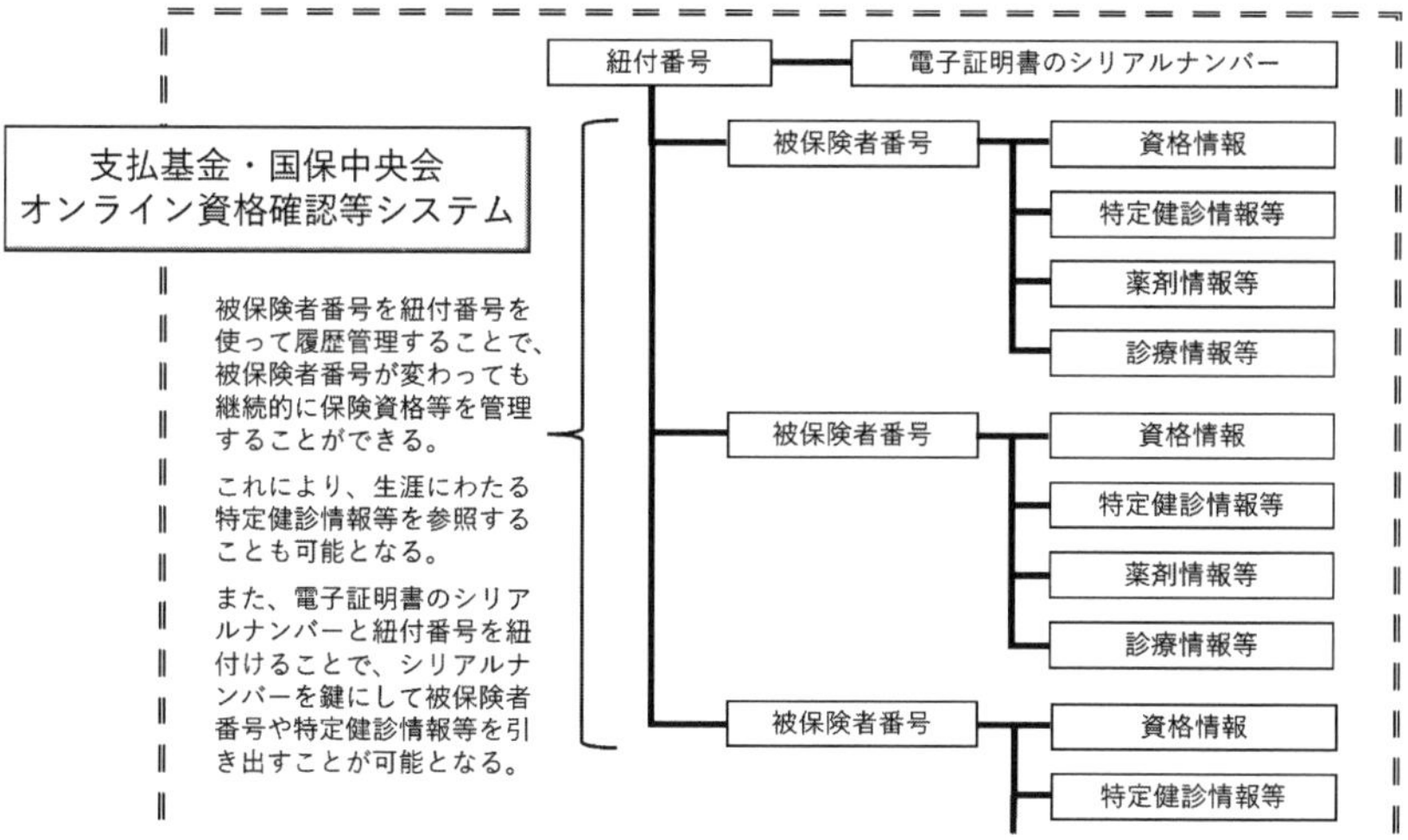

黒田充　作成

厚生労働省などがウェブサイトで公開しているオンライン資格確認等システムに関する資料のいくつかには、「紐付番号」という名の被保険者番号を履歴管理するための識別子が存在します。**図9**は、これらの資料をもとに**図8**の支払基金・国保中央会のオンライン資格確認等システムの部分を筆者がわかりやすく書き起こしたものです。

本来、レセプトなどの診療情報を被保険者番号に紐付けるのは、診療等に関わる健保組合等の負担分を医療機関等に支払う仕組みを機能させるためです。私たちが医療機関等の窓口でマイナンバーカードを使おうが、これまでの健康保険証を使おうが、この点では同じです。では、何が違うかと言うと、マイナンバーカードを健康保険証として利用登録すると、オンライン資格確認等システムの中で公的個人認証の電子証明書のシリアルナンバーが「紐付番号」を介して被保険者番号と紐付けられてしまうことです。

1億2千万人を超える国民等を一人ひとり識別し、一生涯にわたって履歴管理するこの「紐付番号」が、マイナンバーとは別の番号であることや、マイナンバーカードの健康保険証としての利用登録の有無とは関係なく、全ての国民等に既に付番されているのはほぼ間違いないでしょう。しかし、具体的にこの番号がどのようなものであるのか――例えば「見える番号」なのか「見えない番号」なのか――はどこにも書かれておらずわかりません。また、法的な根拠もあるようには思えません。

◆健康保険証の廃止は、日本の医療政策の根本に関わるもの

骨太の方針2022が言う、全ての国民等を網羅した「医療（介護を含む）全般にわたる情報」が、マイナンバーとどう関わっていくのかは今のところ不明です。しかし、マイナンバー制度が「年金・福祉・医療等の社会保障給付について、真に支援を必要としている者に対し迅速かつ適切に提供」する仕組みである以上、医療給付を含む社会保障分野におけるプロファイリングに活用される可能性は大きいと見て間違いないでしょう。

マイナンバー制度が始まった年である2016年10月、当時、自民党の農林部会長だった小泉進次郎氏は同党の「2020年以降の経済財政構想小委員会」の委員長代行として提言「人生100年時代の社会保障へ（メッセージ）」を取りまとめています。提言は、「健康管理をしっかりやってきた方も、そうではなく生活習慣病になってしまった方も、同じ自己負担で治療が受けられる」のはおかしい、「健康維持に取り組んできた方が病気になった場合は、自己負担を低くすべきだ」としたうえで、「医療介護でも、IT技術を活用すれば、個人ごとに検診履歴等を把握し、健康管理にしっかり

取り組んできた方を『ゴールド区分』に出来る。いわば医療介護版の『ゴールド免許』を作り、自己負担を低く設定することで、自助を支援すべきだ」としていました。こうした考えが現実化する日がいよいよ近づいているのかも知れません。

もちろん憂慮すべき点はそれだけではありません。医療DX推進本部の第1回会合に厚生労働大臣が提出した資料（**図7**）には「保健医療データの二次利用による創薬、治験等の医薬産業やヘルスケア産業の振興」と書かれています[25]。二次利用とは、保健医療データを研究・開発や統計作成などに利用することです。利用の前提として個人を特定されない匿名加工情報に加工することになっていますが、どこまで匿名化が徹底されるのか、また一旦匿名化された情報が他の情報と合わさることで誰のものであるのか特定される可能性はないのかといった疑問が残ります。

また2019年6月18日に閣議決定された「成長戦略実行計画」にも、医薬品産業の成長戦略の1つとして「データヘルス改革を推進し、個人の健康医療情報の利活用に向けた環境整備等を進める。また、レセプト情報・特定健診等情報データベース（NDB）の充実や研究利用の際の利便性の向上を図る」と書かれています。全ての国民等を網羅した「医療（介護を含む）全般にわたる情報」は、産業界に大きな富をもたらす源泉でもあるのです。

医療・介護の情報に、マイナンバーで得られた情報を加えて、AIを使って分析すれば、どのような生活をしてきた人はどのような病気にかかるのか、その病気に対しどのような医療が提供されているのか、それは効果（本人にとって、もしくは効率性や経済性から見て）があったのか、また、どのような生活をしてきた人はどのような介護が必要になるのか、病歴と介護にはどのような関係があるのか等々の「パターン」が見つかるでしょう。

しかし、それだけでは行政や産業界にとっては「研究成果」にすぎません。必要とされるのは、判明したパターンの生活をしてきた、もしくは現にしているのは誰なのかを特定し、その人物に対する具体的な働きかけ――医療や介護のサービスを提供するのか、排除するのか、制限するのか、はたまた特定の商品やサービスを売りつけるのかなど――です。これこそがプロファイリングの〝醍醐味〟なのです。もちろん、国民の健康を真に願って、プロファイリングを行い、適切な医療や介護などを提供することも理屈の上ではあり得ます。しかし、現在の政権と、そのバックにいる経済界が本気でそのようなことを考えているとは到底思えません。その目的は、あくまでも社会保障費の削減であり、個人情報を自らの「もうけのタネ」にすることです。であるからこそ、骨太の方針2022は「全国医療情報プラットフォームの創設」などの取組を行政と医療・医学・産業の各業界が一丸となって進めるとしているのです。

2022年年末、ある生命保険会社がマイナンバー制度を利用した新しいサービスをいくつか発表しました。その中の1つは公的個人認証を利用したサービスで、契約者の住所変更等の把握により手続きを省略するもの、年金受取人の生存を判断し自動支払いするもの、死亡時の請求手続きの迅速化を図るものなどです。もう1つはマイナポータルのPHR（Personal Health Record）から得た個人情報を活用したもので、医療費や電子カルテなどの情報をもとにした保険金の自動支払いや、健康診断結果をもとにした引受け査定（書類提出の省略）などです。公的個人認証を利用したサービスは2023年度中に実施するとありますが、PHRを活用したサービスは検討中のようです。なお、これらのサービスは本人同意が前提となると思われますが、詳細はわかりません。

ＰＨＲは、医療や健康、介護に関する情報を統合的に収集し、記録した情報のことを言いますが、**図7**の真ん中あたりにあるオンライン資格確認等システムの上の「本人」のところにその文字があることからもわかるように、全国医療情報プラットフォームを使って収集され、本人にマイナポータルで提供される医療情報のことです。全国医療情報プラットフォームは、こうした民間の保険契約の分野でも活用されることになるようです。

政府と経済界の思惑通りに一人も取りこぼすことなく、全ての国民等の一生涯にわたる医療・介護の情報を全国医療情報プラットフォームに集約し活用するためには、全ての国民等がマイナンバーカードを健康保険証として使う必要、すなわち被保険者番号を電子証明書のシリアルナンバーと紐付ける必要があります。健康保険証を廃止するのも、マイナンバーカードを全ての国民等に持たせるためだけが目的ではありません。これは医療分野のデジタル化の根本に関わる話なのであり、日本の医療を、社会保障をどうしていくのかという〝壮大〟なスケールの話なのです。

19　厚生労働省「医療等分野における番号制度の活用等に関する研究会」報告書（２０１５年12月10日）。

20　総務省は、被保険者番号の告知要求制限を受けて、スマホ販売事業者に対して、顧客から身分証として健康保険証が示された場合は、被保険者番号を書き写すことがないよう、またコピーをとる際にも被保険者番号を隠すように指導しています。

21　ＤＸはDigital Transformation（デジタルトランスフォーメーション）の略記で、スウェーデンのウメオ大学のＥ・ストルターマン教授らが２００４年に発表した論文がもとになっており、ＤＸはデジタル技術が人間の生活のあらゆる側面に引き起こす、あるいは影響を与える変化とだとされています。しかし、日本ではその意味の議論がなされないまま、単なる流行語となっているようです。

22　2022年度補正予算に全国医療情報プラットフォーム開発事業費として23億円が計上されています。

23　医療DX推進本部幹事会（議長：内閣官房副長官）の第1回会合（2022年11月24日）で配付された資料「医療DXに関する施策の現状と課題」には、全国医療情報プラットフォームで情報の提供・共有を行う主体を自治体や介護事業者等に拡大することを検討と書かれています。

24　厚生労働省のウェブサイトによると、2020年時点での電子カルテの普及率は400床以上の一般病院では91・2%であるのに対し、一般病院全体では57・2%、一般診療所では49・9%となっています。https://www.mhlw.go.jp/stf/seisakunitsuite/bunya/kenkou_iryou/iryou/johoka/index.html

25　同会合にデジタル大臣が提出した資料には「医療情報について、質の高いビッグデータとして分析・研究開発で活用し、エビデンスに基づいた医療の質の向上を実現する。↓治療の最適化やAI医療等の新技術開発、創薬、新たな医療機器の開発等」と書かれています。

第4章　問題だらけのオンライン資格確認

◆マイナンバーカードは持ち歩いても大丈夫なのか

　マイナンバーカードを健康保険証にする上で、国民の多くが最も強く抱いている不安は、医療機関等に受診する際にマイナンバーカードを健康保険証として持ち歩くことにより紛失したり盗難にあったりして、マイナンバーが他人に知られてしまい、個人情報が漏れてしまうのではないかでしょう。全国保険医団体連合会（以下、「保団連」）[26]に加盟する大阪府保険医協会が2022年10月に会員の医療機関に対して行ったアンケートでも、「カードの紛失と情報漏えい」が懸念のトップにあげられています。医療機関等に通う人の多くは高齢者ですから、現場からそうした声が出て来るのは当然のことでしょう。

　ところが、デジタル庁のウェブサイトのQ＆Aには、「今後、マイナンバーカードを利用する便利なサービスが増えていきます。マイナンバーカードは、持ち歩いて使ってください」とした上で、マイナンバーカードは落としても「パスワードを知らなければ何も使えませんし、ICチップの中を無理やり読み込もうとすればチップが自動的に壊れる仕組みとなっておりますので、悪用することもできません。ご安心ください」と書かれています。しかし、ICチップがたとえ壊れたとしても、カード自体は自動的に消滅したりしませんから、表面の記載は残ります。名前、住所、生年月日、性別、そして顔も拾った者に知られてしまいます。詐欺やストーカー行為に悪用される可能性は捨てきれません。また、マイナンバーカードを不法に取得した者が、たまたま顔立ちが似ていればこれを身分証として使い（顔立ちが似ている者に譲渡する可能性もある）、本来の持ち主になりすまし、金品をだまし取るといった犯罪行為を行うこともあり得ます。

「いやいや、そんな犯罪は聞いたことがない」と言われる方もいるかも知れません。しかし、それはマイナンバーカードの取得者が少なく、普段持ち歩いている人がほとんどいなかったからです。健康保険証として使うようになり、多くの人が日常的に持ち歩くようになれば状況は大きく異なって来るでしょう。

また、デジタル庁のQ＆Aには、マイナンバーは人に見られても「マイナンバーだけ、あるいは名前とマイナンバーだけ」では悪用することはできず大丈夫だともしています。しかし、国の個人情報保護委員会が作成した「特定個人情報の適正な取扱いに関するガイドライン（事業者編）」には「個人番号が悪用され、又は漏えいした場合、個人情報の不正な追跡・突合が行われ、個人の権利利益の侵害を招きかねない」と現在も書かれています。そもそもマイナンバーカードを落とした場合、「マイナンバーだけ、あるいは名前とマイナンバーだけ」が他人に見られることなどあり得ないのです。デジタル庁の見解は詭弁であり無責任だと言わざるを得ません。

◆医療機関等への過度な負担と、地域医療が損なわれる可能性

厚生労働省は、オンライン資格確認を実施するにあたって、顔認証機能付きのカードリーダーを無償で提供（病院は3台まで、診療所・薬局は1台）すると共に補助金の交付を行って来ました。し

かし、保団連が2022年10月~11月に会員の医療機関に向けて行ったアンケート結果(11月29日公表の速報値[27])によると、運用開始または導入準備中の医療機関のうち54%が導入コストが補助金を上回ったと回答し、「導入しない・できない」としている医療機関のうち61%が「レセプトコンピュータや電子カルテなどの改修で多額の費用が発生する」と、47%が「システムの整備費用が補助金を上回る」と答えています(複数回答)。

負担は金銭的な面だけではありません。オンライン資格確認に対する懸念として回答が一番多かったのは「マイナンバーカード利用に不慣れな患者への窓口応対の増加(82%)」であり、次が「マイナンバーカードの携帯・持参が困難な患者(単身高齢者等)への対応(75%)」です(複数回答)。

マイナンバーカードを健康保険証として使うには、カードリーダーで顔認証する必要がありますが、間違いなく本人なのにカードリーダーが本人ではないと判断することがあります。社会保険診療報酬支払基金の「医療機関等向けオンライン資格確認等システム操作マニュアル 一般利用者・医療情報閲覧者編 第2・00版」にも照合エラーとなる主なケースとして、「顔面に生じた外傷や、組織の異常、変形、欠損などに対して手術などにより治療を行った場合」、「乳幼児の場合(成長が著しく、顔の変化が大きいため)」、「けが等で顔に包帯、眼帯をしている等」があげられています。また、こうしたケースとは別に、マイナンバーカードの交付申請をする際に顔写真を見栄えが良いように修正した場合も、エラーとなる可能性が高いと思われます。顔認証でエラーが出た場合は、医療機関等の職員はカードリーダーの顔認証機能を停止し、目視確認モードに切り替え、目で本人かどうか確認する必要があります。そして、その後、次の患者のために顔認証機能を再びONにしなければなりません。規模の大きな医療機関の場合、カードリーダーに専任の職員を配置する必要さえ出てくるでしょう。

これまでの健康保険証の場合、医療機関等から提示を求められるのは、初診時と概ね1カ月に1回だけでした。また、窓口で渡せば済みました。しかし、オンライン資格確認では、厚生労働省は通院の度に顔認証を行う必要があるとしています。エラーが一度出た人は、次の通院の際にもエラーが出る可能性があります。どう考えても、患者にも医療機関等にとってもやっかいなことが増えるだけです。医療現場を預かっている人たちから「マイナンバーカード利用に不慣れな患者への窓口応対の増加」の懸念が多く寄せられるのは当然でしょう。

アンケートにおいてあげられている懸念の3番目は「システム不具合時に診療継続が困難となる(74%)」となっていますが、すでに運用を始めている医療機関では実際どうなっているのでしょうか。アンケートによれば、運用開始医療機関のうち41%がトラブルや不具合が発生したと答えており、具体的には「有効な保険証が無効とされた」が62%、「カードリーダーの不具合」が41%となっています(複数回答)。この点について、保団連は「トラブル・不具合が生じた場合、現状では、保険証で資格確認し、保険診療を実施しています。しかし、保険証が廃止され、被保険者情報が券面に記載されないマイナ保険証に一本化されれば、トラブル・不具合を防ぐことは困難となり、事実上、保険診療が実施できなくなります」としています。

導入を準備中の医療機関のうち、91%は「必要性を感じていないが、療養担当規則で義務化されたから」と答えており、医療機関の多くは押しつけによって仕方なしに準備を進めていることが明らかになっています。こうした状況を反映し、アンケートでは65％の医療機関が保険証廃止に反対と答えており、賛成はわずが8％に過ぎません。保団連は「医師・歯科医師から3079件の自由意見が寄せられており、その多くが保険証廃止による医療現場や患者に混乱と困難をもたらすとの懸念の声である」としています。

また、アンケートでは15％の医療機関が「導入しない、できない」と答えていますが、その理由として45％が「高齢で数年後に閉院予定」をあげています。この点について保団連は「本会を構成する保険医協会の複数の調査でも、自院が義務化された場合、高齢世代を中心に医師・歯科医師の1割が閉院・廃院を検討しています。システム導入の義務化で地域医療が損なわれることはあってはなりません」としています。

◆山積する問題点

オンライン資格確認には他にもたくさんの疑問点や問題点があります。1つは、オンライン資格確認に利用する電子証明書の有効期限の問題です。電子証明書の有効期限は発行日から5回目の誕生日までであり、引き続き電子証明書を使うには、市役所等に出向いて更新する必要があります。しかし、マイナンバーカードのICチップに公的個人認証の電子証明書が記録されており、健康保険証としての利用などマイナンバーカードを使ったサービスを使い続けるには、その更新が必要だと知っている人はそれほど多くはないでしょう。マイナンバーカードの交付が始まったのは2016年1月ですから、健康保険証としての利用が本格化するはずのこれから、期限切れによるトラブルが次々と出てくることが予想されます。期限切れが医療機関窓口での混乱を巻き起こすことは確実でしょう。

訪問診療や訪問看護では、オンライン資格確認はできないのではという疑問もあります。確かに現状はそうなのですが、この点については政府も気にしているようです。「保険証の原則廃止を目指す」とした「デジタル社会の実現に向けた重点計画」には「訪問診療・訪問看護等のオンライン資格確認の仕組みの構築を進める」との文言が盛り込まれており、2022年度補正予算には訪問先でもモバイル端末などを使ってオンライン資格確認等ができるようにする仕組み（オンライン診療についても対応）を2024年4月の運用開始に向け開発するとして、224億円（医療機関等へのシステム改修に関わる財政支援を含む）が計上されています。また、「デジタル社会の実現に向けた重点計画」は、「マイナンバーカードの機能（電子証明書）のスマートフォン搭載に対応したオンライン資格確認の検討を進める」としており、スマホが健康保険証になる日もやがてやって来そうです。

健康保険証が廃止されればオンライン資格確認ができない柔道整復師・あんまマッサージ師・鍼灸師の施術所はどうするでしょうか。これについてはモバイル端末等を使ってインターネット経由で保険資格の情報のみを取得できる簡素な仕組みをつくる検討を政府は始めています[28]。健康保険証を預かることの多い入所型の介護施設についても、同じ方向に進むと思われます。将来的には介護保険証もマイナンバーカードと一体化する話も出てくるでしょうから、個人情報の保護やセキュリティよりもマイナンバーカードの利活用を優先する政府にとっては、それが「現実的な解決策」でしょう。

生活保護受給者の医療扶助として福祉事務所が発行する医療券・調剤券はどうするのでしょう

か。厚生労働省はこれらについても２０２３年中に健康保険証と同様にマイナンバーカードでオンライン資格確認できるようにするとし、２０２２年度補正予算に57億円を計上しています。なお、２０２２年11月14日に開かれた社会保障審議会・生活困窮者自立支援及び生活保護部会では、「必要以上に受診する『頻回受診』の傾向がないか、マイナンバーカードを使って福祉事務所が早期に状況を把握し、改善策などを助言する案も提示」（２０２２年11月15日付「毎日新聞」）されたようです。マイナンバーカードで受診すると生活保護受給者のもとに福祉事務所から「昨日もまた病院に行きましたね。どうしてそんなに病院ばかり行くのですか」という電話がかかってくることになるかも知れません。受給者の健康や命よりも受診抑制による生活保護費削減に重きをおく人たちにとっては、極めて有効な手立てとなりそうです。

オンライン資格確認の対象は健康保険証だけでなく、国民健康保険料を滞納した者に市区町村から交付される有効期間が短い短期被保険者証や、医療機関等での全額自己負担が求められる被保険者資格証明書も含まれています。資格証明書などの交付の際には健康保険証の返却が求められることがありますが、その際には一般に滞納者は市役所などに出向き、国民健康保険の担当者と面談をすることになります。その際には納付に向けた相談だけでなく、生活状況などによっては生活保護の申請も含め生活相談も行われることもあります。オンライン資格確認のシステムでは、市役所などで職員がパソコンを使ってオンラインでいつでもマイナンバーカードを資格証明書や短期被保険者証に、滞納者と接触することなく一方的に変更することが可能になると思われます。

市区町村の中には、これ幸いと短期被保険者証や資格証明書を滞納者に対する制裁措置のように乱発するところも出てくるのではないでしょうか。医療機関の窓口で健康保険証の代わりに出したマイナンバーカードが、いつのまにか資格証明書に変更されており、全額自己負担と言われ、どうすればよいのかわからず困り果て、診療をあきらめ重症化したり命を縮めたりする人が出てくるかも知れません。

◆システム障害にはどう対応するのか

停電や通信回線の障害が起きたときにオンライン資格確認はどうなるのでしょうか。日本は地震や風水害など災害の多い国ですから、こうした事態は当然予想できます。停電だけなら医療機関側に発電機や蓄電池があれば何とかなるかも知れませんが、通信回線が不通になった場合や、オンライン資格確認等システムそのものがダウンした場合には万事休すでしょう。

「医療機関等向けオンライン資格確認等システム操作マニュアル　一般利用者・医療情報閲覧者編第2・00版」によると、システム障害時の資格確認は、患者が被保険者証を持参して来院した場合は被保険者証により行うと、当たり前のことが書かれています。一方、マイナンバーカードを持参した場合は「マイナンバーカードによる資格確認ができないため、資格確認せずに受診してもらいます。この場合の手続き等は被保険者証を持参していない患者の受診と同様に行ってください」とありますから、医療機関等の判断によっては、マイナンバーカードを持参した患者は医療費の全額を負担しなければならなくなりそうです。もちろんシステム復旧後に資格確認できれば、保険負担分は返金されるでしょう。しかし、一旦であるにしろ全額支払いを求めることは患者だけでなく、それを告げることになる医療機関等にとっても大きな負担となります。国や地域全体がシステムダウンした場合は、厚生労働省から何らかの統一的対応が示されると思われますが、医療機関単独の場合は混乱を避けるため、診療を中止するといった措置をとらざるを得なくなるでしょう。このようにシステムダウンへの対応一つとっても、健康保険証の廃止はすべきではないことは明白です。

なお、マニュアルには「システム復旧後に資格確認をするために、来院した患者が持っているマイナンバーカードの券面等」から氏名、性別、生年月日、住所を控えるようにとも書かれています。医療機関等はこれらを書類等に転記するために、厚生労働省がこれまでしてきた「医療機関・薬局の窓口ではマイナンバーカードは預かりません」の説明に反し、短時間であるにしろマイナンバーカードを一旦は預かることになるでしょう。ただし、マイナンバーは控える項目には入っていませんので、職員は預かったカードを裏返さないように注意しなければなりません。

◆政府が主張するメリットは本当か

政府はマイナンバーカードを健康保険証にすることによって様々なメリットが得られるとしていますが本当なのでしょうか。あらためて考えてみましょう。

＊過誤請求の防止

オンライン資格確認により過誤請求の防止など事務コストの削減ができるとしています。しかし、先に述べたように失効した健康保険証による過誤請求は一般の診療所では年間せいぜい数件程度とされており、システム構築や導入のコストとは釣り合いません。保団連のアンケートでも事務コストがむしろ増えることが明らかになっています。

そもそも過誤請求の防止に役立つかも知れないオンライン資格確認は、マイナンバーカードでないとできないわけではありません。退職などにより失効している健康保険証が窓口に出された場合、職員がオンライン資格確認等システムに被保険者番号を入力すると、職員のパソコンの画面に「この資格は無効です」との表示が出るようになっています。マイナンバーカードではなく健康保険証であっても、過誤請求は防げるのです。

すでに別の健保組合等に加入している場合は「新しい資格が存在するので確認してください」との表示が出ます。この機能をもう一段拡張して、「新しい資格」の情報を画面表示するようにすれば、間違って失効している健康保険証を出してしまった患者も、新しく加入した健保組合等の健康保険を使うことができるようになります。オンライン資格確認等システムは被保険者番号を履歴管理しているのですから、マイナンバーカード利用の有無とは関係なくできて当然です。

＊診療情報等の閲覧

患者の本人同意があれば、医療機関は特定健診や診療・薬剤等、診療情報の閲覧ができることについては、そうした情報の提供が医療を行う上で有用だとしても、マイナンバーカードがなくても可能であることは災害時への対応で政府自らが白状しています。

また、こうした情報はマイナポータルで本人も見ることができるようになっています。これは確かに便利なように思えます。しかし、マイナポータルで見られるようにしているのだから、自分でしっかり確かめて、これからどうするのか自分で判断しろという自己責任の香りも漂って来ます。山本龍彦教授は、マイナポータルでの情報提供について「政府は、財政上の観点から、医療費の抑制に強いインセンティブをもつから、医療や健康に関する個人の決定をかかる方向へと誘導すべく、政府が積極的に選択環境を『調律』することがありうる」、それは「政府が個人の行動記録を網羅的に把握して、その者の健康上のリスクを細かく予測し、そのリスクを減らすような方向に仕向ける（管理する）ということ」だとしています[29]。

＊高額療養費制度の簡素化

医療機関等の窓口で支払う医療費が１カ月で上限額（加入者の年齢や所得によって決まる）を超えた場合、その超えた額を支給する高額療養費制度というものがあります。上限額を超えた額の支給を受けるには一般に申請が必要ですが、事前に健保組合等から限度額適用認定書を取得し、医療機関等に提出しておくと、窓口での支払いが限度額までに抑えられ、少なくて済むように制度は作られています。

マイナンバーカードによるオンライン資格確認の場合は、カードリーダーの画面に表示される「限度額情報の提供」を指で押すだけで、この認定書の提出が必要なくなります。確かに便利なのですが、オンライン資格確認等システムはマイナンバーカードだけでなく、健康保険証でも高額療養費制度に対応できるように作られています。健康保険証で受診した場合は、医療機関等の職員に〝口頭〟

で同意を与えれば認定書を出す必要はありません。「限度額情報の提供」に、マイナンバーカードの電子証明書を使って厳格な同意を求める一方、書類どころか、同意書へのサインも要らず、口頭でOKなのです。オンライン資格確認等システムを作った人たちはどういうバランス感覚の持ち主なのでしょう。

なお、上限を超えた額を申請を待たずに自動的に口座振込等を行っている健保組合等もありますし、国民健康保険の場合も市区町村に一度、支給を受け取る口座を登録してしまえば、その後に高額療養がいつ発生してもいちいち申請する必要なしに自動的に振り込まれる制度もあります[30]。高額療養費制度の簡素化を図るにしても、オンライン資格確認等システムといった大袈裟なシステムで行う必要は果たしてあるのでしょうか。

＊受付の自動化

政府は、カードリーダーの顔認証によって受付が自動化されることもメリットとしています。しかし、受診の度に行う必要がある顔認証のどこがメリットなのでしょう。資格確認はマイナンバーカードとカードリーダーで済んだとしても、診察券はどうするのでしょう。健康保険証なら受付に診察券とあわせて出すだけで済みます。また、先にも述べたように顔認証技術は絶対確実ではありません。本人であるにもかかわらず、違うと判定されることもあります。かえって患者にとっても医療機関等にとっても手間が増えるだけです。

＊マイナンバーカードの継続利用

加入している健康保険が変わってもマイナンバーカードがそのまま健康保険証として使えるのはどうでしょう。確かにそうなのかも知れませんがタイムラグ（時間差）の問題があります。例えば、退職が決まり、勤務先の担当者が事務処理をし、退職の情報を健保組合に送ります。健保組合は資格喪失の情報を支払基金に伝えます。これでようやくオンライン資格確認等システムに資格喪失の情報が記録されます。一方、本人は新たな就職先か、住所地の市区町村に健保加入の届出をすると、勤務先や健保組合、市区町村の事務処理を経て、オンライン資格確認等システムに新たな資格の取得として記録されます。

こうした一連の手続きにかかる時間をゼロにすることは不可能ですから、タイムラグは必ず残ります。加入している健康保険が変わってもそのまま使えるメリットが最大に発揮されるはずの「正に変わったその時」には、タイムラグのために医療機関等で健康保険が使えないというトラブルが起きることになるでしょう。また、過誤請求が発生する可能性も残ります。

以上からわかることは、オンライン資格確認等システムが、過誤請求の防止、特定健診や診療・薬剤等情報の閲覧、高額療養費制度や継続的な健康保険の利用を実現する便利な仕組みだとしても、これらの機能の利用は健康保険証でも可能であって、マイナンバーカードでないとできないのではないという点です。オンライン資格確認等システムを稼働させることと、マイナンバーカード利用の押しつけや健康保険証の廃止とは、本来、全く別の話であり、切り離して考えるべきものなのです。オンライン資格確認等システムが全国医療情報プラットフォームを実現する手段となっている点の是非や、同プラットフォームの問題点についても別途議論をする必要はもちろんあります。

◆これからどうなるオンライン資格確認

岸田首相は２０２２年10月24日の衆議院予算委員会で、立憲民主党の後藤祐一議員の質問に対し、マイナンバーカードを持っていない人でも保険料を払っていれば保険診療が受けられるのは当然であり、別に制度を用意すると答弁しました。また、11月４日の衆議院厚生労働委員会では、「紛失などの事情により、手元にカードがない方も保険診療が受けられるよう、制度を用意する必要があり、関係府省による検討会で環境整備を行っていく」と述べています[31]。

２０２２年12月６日には、この答弁に基づき、デジタル庁において「マイナンバーカードと健康保険証の一体化に関する検討会」がデジタル大臣、総務大臣、厚生労働大臣をメンバーに開かれました。

デジタル庁からこの会合に示された検討事項（案）には、紛失など例外的な事情によりマイナンバーカード不所持の場合の資格確認の方法・取扱いの他に、新生児・紛失・海外からの入国など特急発行・交付の仕組みの創設、発行・交付に要する期間の短縮、代理交付を幅広く活用できるようにするための柔軟な対応、申請補助・代理での受取等を行う者の確保等の具体的な促進方法、出張申請受付等の拡大など市町村による申請受付・交付体制強化の対応、子どもや要介護者等におけるマイナンバーカードの取り扱い、資格変更時の保険者の資格情報入力のタイムラグ等への対応、そして、災害時・システム障害時の対応があげられています。また、法律改正が想定される事項として、番号法については乳幼児の写真の扱い、国民健康保険法等については滞納対策の仕組み・滞納者への通知等に関する規定の整備と書かれています。

どれもこれも、オンライン資格確認の医療機関への義務化まであと4カ月足らずになった時点で、どうして今さらこんなことを検討しているのかと思われる事項ばかりです。医療関係者などから指摘をされ慌てふためく、まさに泥縄状態です。これでは医療機関等も国民も混乱するのは必定です。無責任の極みです。

本当に医療機関等に対するオンライン資格確認の2023年4月から導入の原則義務化が実行され、2024年秋の健康保険証廃止が行われることになるのでしょうか。導入しない、できない医療機関等は確実に残ります。マイナンバーカードを全ての国民等が取得することもあり得ないでしょう。どうしても持ちたくない人や持つことができない人はいます。また、医療関係者を含む多くの国民等から健康保険証廃止反対の声が高まっており、今後ますます広がっていくでしょう。確かなことは健康保険証がなくなる、病院に行けなくなるとあわてて、差し迫った理由もないのにマイナンバーカードを取得する必要はないことです。まだまだどうなるかはわかりません。じっくりと構えるのが得策でしょう。

26 全国保険医団体連合会のウェブサイトによると、全国47都道府県の51保険医協会・保険医会が同連合会に加盟しており、会員は10万7千人を超え、開業医の63%が加入するとともに勤務医約2万人が加入しているとのことです。

27 アンケートの詳細については保団連「11月29日　実態調査速報（10月14日—11月20日、8707件）を公表しました。」を参照してください。https://hodanren.doc-net.or.jp/medical/facialrecognition/

28 第156社会保障審議会医療保険部会（2022年10月28日）に提出された厚生労働省資料「オンライン資格確認等システムについて」。

29 山本龍彦、前掲書。

30 自動振込の制度（手続きの簡素化）を行うかどうかは市区町村の判断とされています。

31 制度というほどのものではなく、紛失などの事情により、手元にマイナンバーカードがない者からの申請により、健保組合や市区町村などの保険者が被保険者番号などを書いた証明書類（有効期間付き。おそらく有料）を交付するだけのことになるでしょう。マイナンバーカードを持ちたくないと取得を拒んでいる者にも、こうした書類が交付されるのかどうかはわかりません。

第5章　健康保険証廃止反対と民主主義、憲法

◆デジタル化された監視社会

最後にもう一度プロファイリングの話をします。デジタル化された監視の先進国である中国には、キャッシュレス決済サービス「アリペイ」を展開するアリババグループによる「信用スコア」が広く普及しています。信用スコアは、アリペイの使用状況や返済履歴などのほか、学歴や職歴、資産、交友関係、買物等の日常行動や犯歴といった個人情報をもとにしたプロファイリングにより、一人ひとりに付けられる点数です。点数が高いと家を借りたり融資を受けたりする際に優遇される一方、低いと就職や婚活などで差別的扱いを受けます。点数算出の仕組みは非公開ですが、多くの人々は競争心を駆り立てられ点数アップに精を出しているようです。

また、街頭の監視カメラから得た顔の画像をもとに、交通違反者を特定し、街頭のディスプレイに表示し、罰金を課すシステムが都市部で拡大しており、マナーの急速な向上に寄与していると言われています。顔の画像だけで誰であるかを特定する技術は地下鉄の改札でも活用されており、北京では安全チェックを目的に乗客の分類にも使われています。安全・安心・便利を謳い文句にしたこうした監視システムは、新疆ウイグルやチベット、ホンコンなどでは抑圧目的でも活用されていると考えられます[32]。

一方、ＥＵ（欧州連合）ではどうでしょう。加盟国全てに適用される個人情報保護の法律である

２０１６年制定、２０１８年施行の「一般データ保護規則（ＧＤＰＲ）」は「プロファイリングされない権利」を規定しています。それは、人々はプロファイリングに対して異議を唱える権利と、法的な効果や重大な影響をもたらす決定を、プロファイリングを含むコンピュータの自動処理のみに基づいてなされない権利です[33]。また、プロファイリングにつながる膨大な量の個人情報を世界中から集めているスーパーＩＴ企業のＧＡＦＡ（Google、Apple、Facebook［現、Meta］、Amazon）などへの規制や課税を進めています。さらに２０２１年４月には、ＥＵの政府である欧州委員会は、中国の信用スコアのような点数化にＡＩを利用することを禁止することなどを盛り込んだ「人工知能の利用に対する規制案（ＡＩ法案）」を公表し、議論を呼びかけています。

一方、日本はというと、中国の「デジタル化」に憧れ、これをビジネスチャンスだと考える人たちがいます。岸田政権が看板政策の１つとして掲げる「デジタル田園都市国家構想」や、その実現につながるとするスーパーシティ特区もこうした考えの延長にあるものです。２０１９年８月30日には、安倍政権で地方創生を担当した片山さつき大臣が、中国政府と地方創生に関する協力を強化する覚書を交わしており、ＮＨＫニュースは「最先端技術の実証実験を街全体で行う『スーパーシティ』の整備に向け、先行する中国と連携を強化することで、実現に弾みをつけるねらいがある」（同年９月30日）と報じています。

内閣府はスーパーシティの海外事例の１つとして、中国の杭州市を「道路ライブカメラの映像をＡＩで分析することにより、杭州内の交通円滑化に大きく寄与（２０００～３０００台のサーバー、４０００台超のカメラを配備）」することで、「ＡＩ経由で警察に寄せられる交通違反や事故情報は多い日で500件」、「市内の約半分のエリアにおいて、交通事故や交通違反、交通渋滞の発生時に約20秒でアラート発信が可能に」なるとともに、「アリババの技術が導入された、近未来的ショッピングモール」では、「キャッシュレスで決済データを集める」ことができているなどと〝好意的〟に紹介しています[34]。

日本では残念なことに、EUがプロファイリング規制を強めていることだけでなく、そもそもプロファイリングという言葉自体がほとんど知られていません。またデジタル改革関連法として2021年5月に改正された個人情報保護法にも、プロファイリングされない権利はうたわれておらず、同じく新たに制定された「我が国経済の持続的かつ健全な発展と国民の幸福な生活の実現」を目的に掲げるデジタル化社会形成基本法の基本理念には「個人及び法人の権利利益の保護」（10条）という言葉はあっても、「個人情報保護」の文言すらありません。政府が進めるデジタル化は同法が基本理念の1つに「経済構造改革の推進及び産業国際競争力の強化」（4条）を掲げるように個人情報の利活用一辺倒となっているのです。

◆顔識別技術の利活用と人権

監視カメラなどで撮影した顔写真からそれが誰であるかを自動的に特定したり、あらかじめ取得している顔データと照合したりする顔識別についてはどうでしょうか。オンライン資格確認の際の利用だけでなく[35]、クレジットカード会社などが顔認証決済サービスを始めたり、大阪の地下鉄が顔認証によるチケットレス改札の実証実験を進めたりと、顔識別技術は単に便利なものとして利用が広がり始めています。

日本では、顔識別の利用を規制する法律はなく、野放し状態ですが、ＥＵや米国の一部の自治体では、基本的人権擁護の立場から顔識別技術の規制が進められています。「日本経済新聞」（２０１９年8月23日付）によると、スウェーデンのデータ保護当局は監視カメラを使用して生徒の出欠を確認していた学校に対し、生徒のプライバシーを侵害したとしてＧＤＰＲに基づき20万スウェーデン・クローナ（約２２０万円）の罰金を科しています。また、イギリスの“The Guardian”（２０２０年8月11日）は、同国の控訴裁判所がサウスウェールズ警察による顔識別技術を使った人物照合を、欧州人権条約の第8条「全ての者は、その私的および家族生活、住居ならびに通信の尊重を受ける権利を有する」に反しているなどとして、違法だとする判決を下したと報じています。因みにサウスウェールズ警察が使っていた顔識別システムは日本のＮＥＣ社製でした。米国では、サンフランシスコ市、ボストン市、ポートランド市など20余りの市が顔識別技術の市当局による利用を禁止もしくは規制する条例を制定しています。しかし、その一方、テロ対策などとして同国の空港などでは顔識別技術の利用が広がっているという事実もあります

欧米におけるこうしたプロファイリングや顔認識技術の利用に対する規制は、政府や自治体が勝手に進めているのではありません。背景にはナチによるホロコーストなどの人権侵害や東側諸国における監視社会への反省や、人権擁護の世論、そして広範な市民運動の存在があります。特に米国での顔識別技術の規制は、それがアフリカ系やアジア系に不利な判定をすることから、ＢＬＭ（Black Lives Matter）運動と深く結びついています。またカナダのトロントでは、グーグル社が受託したス

マートシティ（日本のスーパーシティに相当）の計画が、企業に個人情報を譲り渡し、人権侵害を引き起こすものだとする市民の反対運動で撤回されています[36]。このように全ての国が日本と同じ方向を向いているのではないのです。

◆国会軽視、国民無視で決められて行く「デジタル化」政策

マイナンバー制度の根拠法である番号法が成立したのは2013年5月ですが、国会審議の際にはマイナンバーカードに健康保険証としての機能を持たせるといった説明を政府は行っていません。2013年4月11日の衆議院予算委員会で日本共産党の高橋千鶴子議員の、2009年4月の厚生労働委員会において政府は社会保障カード（2009年当時、導入が検討されていた）は健康保険証の機能を持つと考えられると答弁していたが、個人番号カードも健康保険証と同じものになるのかとの質問に対し、当時、安倍政権下で厚生労働大臣を務めていた田村憲久氏は、そうだとは答えていません。田村大臣は「医療情報のための番号制度に関する有識者の検討会の報告書の中において、医療情報のための番号制度の効果の一つとして、今言っておられたようなオンラインによる被保険者資格の確認が挙げられておるということでございます。いずれにいたしましても、今後、このような報告書を踏まえつつ、いろいろと関係者の御意見をしっかりとお聞きしながら検討を進めてまいりたい」と、マイナンバーとは異なる「医療情報のための番号制度」へと話をすり替えてしまっています――違う話だと気づいていない可能性もあります。なお、田村大臣の言う報告書とは「医療等分野における情報の利活用と保護のための環境整備のあり方に関する報告書」（2012年9月）のこ

とですが、同書にはマイナンバーカードを資格確認に使う、すなわちマイナンバーカードを健康保険証として使う話など一切出てきません。

健康保険証として使えるようにする話が国会審議において政府側から出て来たのは、マイナンバー制度がスタートし、マイナンバーカードの交付が始まる半年前の2015年6月18日の衆議院予算委員会での安倍晋三首相の答弁が最初です。安倍首相は同じく高橋議員の質問に対し「今後、個人番号カードに健康保険証の機能を持たせること…について、マイナンバー制度のインフラも活用しつつ…検討していく考えであります」と答えています。

そして、この答弁のわずか12日後の6月30日には「2017年7月以降早期に医療保険のオンライン資格確認システムを整備し、個人番号カードを健康保険証として利用することを可能にする」と書かれた「日本再興戦略　改訂2015」が閣議決定されています。同戦略は、安倍政権における成長戦略を策定するために設置された日本経済再生本部（本部長：安倍首相）のもとに置かれた産業競争力会議（議長：安倍首相）と経済財政諮問会議（議長：安倍首相）の合同会議で、同日に策定されたものです。これらの会議は関係閣僚と有識者で構成されており、前者の会議には竹中平蔵・東洋大学教授、三木谷浩史・楽天社長、三村明夫・日本商工会議所会頭らが、後者の会議には伊藤元重・東京大学大学院教授、新浪剛史・サントリーホールディングス社長、高橋進・日本総合研究所理事長らが加わっていました(肩書きは当時)。

もし、マイナンバーカードを健康保険証にするのが良策であると安倍政権が本気で考えていたのなら、2013年の番号法についての国会審議の際に明らかにすべきでした。国会答弁ではぐらかし、お仲間で固めた会議で議論し閣議決定し、充分な国会審議を経ずに決めてしまう。政府は、〇〇会議での議論や、〇〇戦略、〇〇計画は、ウェブサイトで公開しているから問題なしと考えているのかも知れません。しかし、これらに目を通している国民は果たしてどれだけいるのでしょうか。民主的なやり方とは到底思えませんが、こうした手法は、安倍政権だけでなく、続く菅政権においても、そして現在の岸田政権においても踏襲されています。また、残念ながら〇〇戦略や〇〇計画に関するマスコミの報道も断片的なものに過ぎず、健康保険証の廃止問題のように具体的に実施する段階になってようやく大きく報じるといった有様です。

◆健康保険証を廃止させない運動は、憲法と民主主義を守る闘い

今回の健康保険証の廃止も、岸田首相を議長として、十倉雅和・日本経済団体連合会会長、新浪剛史社長らを構成員とする経済財政諮問会議で2022年6月7日策定され、その日のうちに閣議決定された「骨太方針2022」に「保険証の原則廃止を目指す」と書かれていることを根拠として進められています。2022年6月16日付の「しんぶん赤旗」は、日本共産党の宮本岳志衆院議員が同月14日に行った厚労省への聞き取りにおいて、「マイナンバーカードの取得は法律で義務化されていないのに、なぜ医療については、取得が強制できるのか」と質問したのに対し、厚生労働省側は「省令での改定を検討している」と回答したと報じています。政府は、マイナンバーカードの取得義務化とイコールである健康保険証の廃止には、国会での議論も法改正も必要なく、省令の改正で問題なしと考えているのです。

しかし、とんでもない話はこれで終わりではありません。2022年11月2日に開かれた経済財政諮問会議において、河野太郎デジタル大臣はマイナンバーと個人情報の紐付けの範囲の拡大を迅速化するため、番号法などの法改正ではなく政省令で済ませることを提案しました。閣議や各省の大臣の決定だけで、マイナンバーの利用拡大を進めていこうという、法も国会審議も必要なしの考えです。任意とされているマイナンバーカードを法に基づかずに事実上の取得義務化を図ろうとする姿勢と合わせて見れば、果たして日本は民主主義国家と言えるのかとの疑問が湧いて来ます。

GDPRなどEUの話もしましたが、もちろん彼らが行っていることが全て人権擁護の立場から出発しているわけでも、全てが正しいわけでもないでしょう。経済政策として米国や中国とどう対抗していくのかといった面も大きいのは間違いありません。しかし、学ぶべき点も多々あるのではないでしょうか。例えば欧州委員会が2021年3月に示した「2030年デジタル指針：『デジタルの10年』に向けた欧州の在り方」には、「デジタルの権利」として「オンラインでビジネスを立ち上げ、遂行する自由」や、「オンライン空間における個人の知的創造物の保護」とともに、「多様で、信頼できる、透明な情報へのアクセスを含む表現の自由」、「個人情報およびプライバシーの保護、忘れられる権利」が掲げられています。また「デジタル原則」として「人々が社会や民主主義のプロセスに積極的に参加するためのユニバーサルなデジタル教育とスキル」や、「アクセスしやすい、人間中心のデジタル公共サービスおよび行政」、「人間中心のアルゴリズムのための倫理的原則」、「オンライン空間における子どもの保護とエンパワーメント」などが示されています[37]。

一方、日本でも「デジタル原則」と称するものが閣議決定されています。それは岸田首相の目玉政策である「新しい資本主義」実現に向けた成長戦略の重要な柱であるデジタル田園都市国家構想を議論する「デジタル臨時行政調査会」（会長：岸田首相）で2021年12月22日に策定され、翌々日に閣議決定された「デジタル社会の実現に向けた重点計画」に盛り込まれた5つの「デジタル原則」です。しかし、そこにあるのは「デジタル完結・自動化」「官民連携」「共通基盤利用原則」といった言葉だけです。EUのような民主主義や人権擁護からの視点は全くありません。デジタル臨時行政調査会でデジタル原則が議論された際にはデジタル庁から参考資料としてEUのデジタル原則が紹介されたにもかかわらず、その中味は似て非なるものとなっています。

今、必要とされるのは、憲法の精神を生かし、基本的人権を守る立場から、デジタル技術を民主的にコントロールしていくための議論であり運動です。人々をプロファイリングすることで、人格や個性を無視し、勝手な決めつけで「こいつは〇〇だ」と書かれた箱に放り込むような人権をないがしろにした法や制度は、日本国憲法第13条の「すべて国民は、個人として尊重される」に反するものであり、本来、作ることはできないはずです。

これまで述べてきたように、健康保険証の廃止はマイナンバーカードを落としたらどうするのだといった話には留まらない、日本の医療政策、社会保障政策の根本に関わる問題です。健康保険証廃止反対、マイナンバーカード取得の事実上の義務化反対の運動は民主主義を守る闘いでもあるのです。

そのために必要なことは、マイナンバー制度やオンライン資格確認等システムなどの仕組みや、政府が進める「デジタル化」の狙いとともに、政府とその背後の大企業がそれらを活用することで、どのようなデジタル化社会が作られようとしているのかを正しく知ることではないでしょうか。

32　中国のデジタル監視社会の詳細については拙著『あれからどうなった？　マイナンバーとマイナンバーカード』（日本機関紙出版センター）、及び、同書掲載の参考文献をご参照ください。

33　宮下紘・中央大学教授は、この権利を「人間介入の権利」と表現しています（『プライバシーという権利』岩波新書）。

34　内閣府地方創生推進事務局「『スーパーシティ』構想について　令和3年8月」。なお、政府は公募に基づき2022年4月12日に大阪府・大阪市の共同体と茨城県つくば市をスーパーシティ型国家戦略特区に、また岡山県吉備中央町、長野県茅野市、石川県加賀市をデジタル田園健康特区に指定することを閣議決定しています。

35　医療機関の窓口に置かれる顔認証機能付きのカードリーダーを供給している企業の1社であるパナソニックコネクトは、このカードリーダーを自治体や金融機関の窓口での本人確認や、避難所における安否確認、商品やサービスの利用時における年齢確認、繁忙期に一時的に多くのアルバイトを雇う際の本人確認業務などにも利用できるとして、販売を始めています。

36　トロントでのスマートシティ計画撤回を求める市民運動や、顔識別技術とBLM運動の関係については『デジタル改革とマイナンバー制度』（自治体研究社）所収の内田聖子「住民のためのデジタル化へ　海外の市民運動と自治体に学ぶ」をご参照ください。

37　「2030年デジタル指針」の議論を経て2022年1月26日に、欧州委員会は「全ての人に利益をもたらし、全ての欧州人の生活を向上させるデジタルトランスフォーメーションのための民主的な枠組みを強化する」、「誰も置き去りにしないデジタルトランスフォーメーション。特に、高齢者、障害者、社会的弱者、権利を奪われた人々、そして彼らのために活動する人々が含まれる必要がある」、「アルゴリズムやAIなどの技術が、例えば健康、教育、雇用、私生活などに関する人々の選択を事前に決定するために使用されないことを保証する」、「市民の関与と民主的な参加を促進するために、デジタル技術の開発と最大限の活用を支援する」などとする「デジタルの権利と原則に関する欧州宣言（案）」を欧州議会に対して提案しています。

〈対談〉オンライン資格確認と健康保険証の廃止、どこが問題か——現場の医師に聞く

新名健治　医学博士、医療法人　新名眼科理事長
黒田　充　自治体情報政策研究所　代表

2022年12月5日　大阪府保険医協会にて

義務化は大間違い

黒田充　お忙しい中、本日は対談をお引き受けいただきまして誠にありがとうございます。自治体情報政策研究所の黒田充です。よろしくお願いいたします。

新名健治　こちらこそよろしくお願いいたします。大阪市の東成区で眼科を開業しております新名健治です。

黒田　早速、本題に入らせていただきます。2023年4月1日からオンライン保険資格確認を義務化すると政府が決めたことを最初に聞かれた時、どう思われましたか。

新名　オンラインの義務化については政府の発表以前からすでに、厚生労働省や社会保険診療報酬支払基金から早く導入しなさいという案内が封書で何度も送られてきています。もうすぐ義務化されるからと。申し込んでも3カ月、4カ月かかるから早くしなさいと。それに加えて紙の健康保険証をなくすという報道がなされて、こちらとしてはもう選択肢がないんじゃないか、もうどうしよ

新名健治氏（左）と黑田充氏（右）

うもないのかと思いました。

実は東成区の医師会では、年1回ですが会員対象にアンケート調査をしています。その結果を私が編集担当しているニュースに発表するのですが、今月号ではオンライン資格確認機器の導入予定についての調査結果を載せました。約7割が導入予定、2割が予定なし、残り1割がわからないという結果でした。3割が取り残される状況です。この結果を見る限りでは4月1日に全ての医療機関で実施するのはおそらく無理だと思います。もしそうなったら3割のところは診療できなくなってしまいます。

義務化は療養担当規則（厚生労働省の省令）にしっかりと書かれてしまっています。保険医はこの規則を守らないと駄目ですから、一度、規則で決まってしまったら、オンライン資格確認をやらないと保険診療ができなくなってしまいます。でも、それを何の相談もなしに、誰が決めたのかわからない

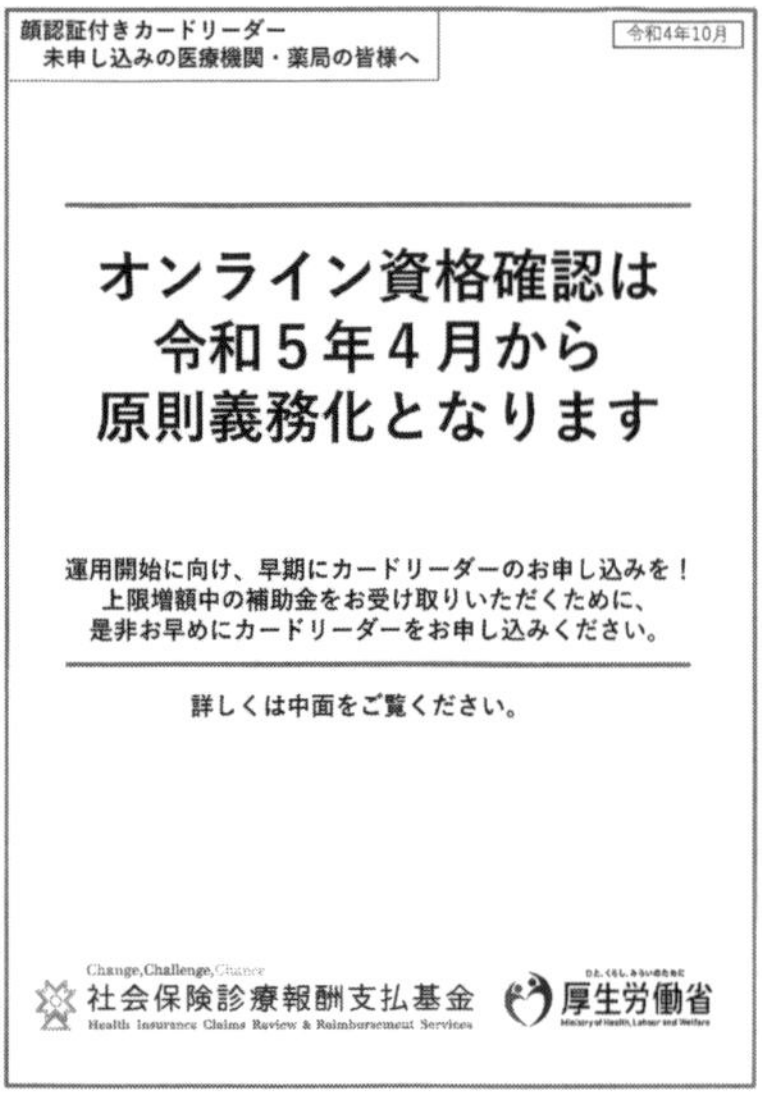
顔認証付きカードリーダー
未申し込みの医療機関・薬局の皆様へ

令和4年10月

オンライン資格確認は
令和5年4月から
原則義務化となります

運用開始に向け、早期にカードリーダーのお申し込みを！
上限増額中の補助金をお受け取りいただくために、
是非お早めにカードリーダーをお申し込みください。

詳しくは中面をご覧ください。

Change,Challenge,Chance
社会保険診療報酬支払基金
Health Insurance Claims Review & Reimbursement Services
厚生労働省

医療機関等向けポータルサイトにアカウント未登録の方は登録をお願いします

■ 令和4年7月3日時点でアカウント未登録の方には、令和4年8月10日以降、厚生労働省・支払基金よりポータルサイトアカウント情報を郵送しています。
■ 郵送物をご確認いただき、まずはポータルサイトアカウント本登録をお願いします。なお、既に本登録をお済みの場合は、ご容赦ください。
■ 郵送物を紛失された方はオンライン資格確認等コールセンター（下記に記載）までお問い合わせいただくか、医療機関向けポータルサイトから再発行申請のお手続きをお願いいたします。
（https://shinsei.iryohokenjyoho-portalsite.jp/pc/enquete/reissue/）

顔認証付きカードリーダーをお申し込みいただくことなどで補助金上限が増額！
是非お早めに顔認証付きカードリーダーをお申し込みください

■ 令和5年4月からのオンライン資格確認システムの導入、原則義務化に間に合うように準備をお願いします。
■ オンライン資格確認導入期限は「令和5年3月31日」、補助金申請期限は「令和5年6月30日」までとなります。
計画的な導入のため是非早期の顔認証付きカードリーダーのお申し込みをお願いします。

顔認証付きカードリーダーは、5種類からお選びいただけます
※お使いのレセコンに対応した機種をご指定ください
顔認証付きカードリーダーの機種・概要はこちらからアクセス ▼

オンライン資格確認導入に関する手続き・各種申請は医療機関等向けポータルサイトで！

ポータルサイトでできること
・オンライン資格確認利用申請
・補助金申請
・『準備作業の手引き』等ダウンロード
※対応システムベンダの一覧も掲載しています
お問合せ先：オンライン資格確認等コールセンター
contact@iryohokenjyoho-portalsite.jp
0800-0804583（通話無料）月～金 8：00～18：00
（いずれも祝日を除く） 土 8：00～16：00

うちに、いつの間にか療養担当規則にしっかりと書かれてしまっているところが怖いですね。

義務化というのは間違っています。こんなに便利ですよというのなら、希望者だけでやればいいと思います。希望もしていないのにそんな面倒なことを実際に診療所でする必要があるのかどうか。政府は資格確認だけでなく、支払基金への診療報酬の請求もオンラインでやらせたいのでしょう。そこで見えてくるのは、国からの補助金です。補助金を使って資格確認ができるようにネットに繋げたのだから、診療報酬の請求もオンラインでしなさいと言ってくる、そんな気がします。

私が思うのは、患者さんに迷惑がかからなければ、オンライン資格確認のシステムを導入するにしても補助金をもらわずに全部自費でやろうかなと思ったりします。もらってしまって、後からあれこれ言われるも大変だなと。

黒田　40万円の補助金を出すからって、恫喝され

オンライン資格確認は、安心・安全で質の高い医療を提供していく
データヘルス/医療DXの基盤となる仕組みです

オンライン資格確認の導入で
・受付における患者の資格情報の有効性がその場で確認でき、資格過誤請求や手入力による手間等の事務コストが削減
・マイナンバーカードを用いた本人確認、患者からの同意を得ることで、過去の薬剤情報/特定健診情報/診療情報（処置のうち人工腎臓・持続緩徐式血液濾過・腹膜灌流　等）の確認が可能に！

さらに今後、用途が広がっていきます
・電子処方箋の導入で 薬剤情報共有のリアルタイム化（重複投薬の回避）が可能に！
・「全国医療情報プラットフォーム」（※）を創設予定
※オンライン資格確認のネットワークを拡充し予防接種、電子カルテ等の医療（介護を含む）全般にわたる情報について共有・交換できる全国的なプラットフォーム

令和5年4月より原則義務化となるオンライン資格確認システムの導入に向けて
是非お早めに顔認証付きカードリーダーをお申し込みいただきますようお願いいたします

オンライン資格確認の原則義務化について
必ず、年度内にご対応いただくようお願いします

▶ 療養担当規則等が改正され、保険医療機関・薬局に、令和5年4月からオンライン資格確認を導入することが原則として義務付けられます。

▶ 原則義務化に向け、年度末にかけて導入加速が予想されます。**是非お早めに**システム事業者にご相談いただくとともに、**顔認証付きカードリーダーをお申し込み**いただき、導入予定、運用開始日の調整をお願いします。（顔認証付きカードリーダーの概要については、裏面をご確認ください）

※現在、紙レセプトでの請求が認められている医療機関・薬局については、オンライン資格確認導入の義務化の対象外となります。

令和4年10月からオンライン資格確認に関する診療報酬が見直しされます
新たな加算では、診療情報を活用した質の高い診療の実施体制を評価し、またオンライン資格確認等システムを通じて情報取得した場合には、取得が効率化される点を考慮して患者負担が小さくなる仕組みとなります。
※新たな加算の算定においても、オンライン請求を行っていることが算定の要件となります。

顔認証付きカードリーダーの
お申し込みにより補助金の上限額が増額となります

令和4年6月7日以降から顔認証付きカードリーダーをお申し込みいただいた方が対象です（下表【B】）。令和5年3月末までに、オンライン資格確認システムが導入完了となる必要があります。

	補助上限額の区分	病院			大型チェーン薬局	診療所/薬局（大型チェーン薬局以外）
顔認証付きカードリーダー提供台数		3台まで無償提供			1台無償提供	1台無償提供
システム改修費用等の補助対象（※）		1台導入の場合	2台導入の場合	3台導入の場合		
	【A】増額前の補助上限額	105万円 事業額の210.1万円を上限に、その1/2を補助	100.1万円 事業額の200.2万円を上限に、その1/2を補助	95.1万円 事業額の190.3万円を上限に、その1/2を補助	21.4万円 事業額の42.9万円を上限に、その1/2を補助	32.1万円 事業額の42.9万円を上限に その3/4を補助
	【B】増額後の補助上限額	210.1万円 事業額の420.2万円を上限に、その1/2を補助	200.2万円 事業額の400.4万円を上限に、その1/2を補助	190.3万円 事業額の380.6万円を上限に、その1/2を補助	同上	事業額の42.9万円を上限に実費補助

※　システム改修費用等の補助対象：(1)マイナンバーカードの読取・資格確認等のソフトウェア・機器の導入、(2)ネットワーク環境の整備、(3)レセプトコンピュータ、電子カルテシステム等の既存システムの改修等（消費税分（10%）も補助対象であり、上記の上限額は、消費税分を含む費用額）

るのは嫌ですよね。補助金は厚生労働省の基準に沿ったシステムを提供するベンダー（販売業者）と契約をすると、そのまま持って行かれてしまうということですか。

新名　ベンダーが動作確認できているのはこの機械だけだから、その機械をそのまま推奨するということになっています。それ以外の選択肢はありません。

黑田　儲かるところは儲かりますね。

新名　そうですね。厚生労働省が出す補助金の上限は42万9千円なんですが、私のところの業者さんの見積もりは確か40万円に行ってなかった。良心的にされてたかなと思うんですけどね。まあいろいろなところがあるとは思います。

信用できる十分な説明がない

黑田　資格確認のシステムは健康保険証でもできるように作られていますよね。でも健康保険証で

はダメだと、2024年の秋には健康保険証を廃止するからマイナンバーカードだけだと、これも無茶な話です。

新名　インターネットっていうのはすごく不安定で繋がらないことがありますよね。サーバーのメンテナンスなどで絶対に起こりうることですよ。ですからオンライン資格確認システムがずっと安全に100パーセント動き続けることは、まずあり得ないと思います。健康保険証を廃止してオンラインだけにするというのは、電気のことがわかってる人間には無理だとわかっています。他にもっとやり方があると思います。オンラインで健康保険証の番号を引っ張ってくるのではなく、マイナンバーカードに健康保険証の番号も入れた方がまだ良いのにという気がします。

黑田　健康保険証を廃止すると、市町村国保の人は保険料の納付書が届きますから自分がどの健康保険に入っているかはわかります。しかし会社員は、自分の健康保険の正式な名称などは全くわからなくなるかも知れません。特に扶養家族の方とか。今は保険証を見ればわかりますが、マイナンバーカードだけなら、どこの保険に入っているのか、カードをいくら見てもわかりません。今おっしゃられたように、停電や通信回線が不通になった時には、手で処理するとなっても、本人はどこそこの保険に入ってますと言えなくなりますね。

新名　やはりマイナンバーカードだけで診療することはたぶんできないでしょう。紙の保険証は残しておくべきだと思います。原則廃止と上から言って来ますが、それは間違いであって選択権はこちらに欲しいですよね。

黑田　そうですね。一番大事なの選択権ですね。本当にみんなが便利だとなれば、もちろん安全や安心が保障されたうえでの話ですが、それが良ければその方向に動いていきますよ。でもそうはならない。だから2万円分のポイントをあげますよという全くバカな話になってしまっています。

新名　それでもマイナンバーカードの普及率は、ようやく5割を超えたという状態です。でも保険証を廃止したら、100パーセントにならざるを得ないですよ。今どうして、持ちたくない人がそれだけたくさんいるのかっていうところを政府はもうちょっと考えた方がいいように思います。

黒田　こんなやり方をするとますます政府は信用されなくなりますね。

新名　信用もそうだし、信用してもらうだけの十分な説明がありませんからね。

保険証廃止を閣議決定――「骨太の方針2022」

新名　健康保険証を廃止するというのは、正式にどこかの文書に書いてあるのですか。

黒田　2022年6月7日に閣議決定された「骨太方針2022」というのがあります。そこにはオンライン資格確認を医療機関に2023年4月から義務付けると書かれているのですが、保険証の原則廃止も書かれています。今は、健康保険証を廃止するために、法改正がいるのか、いらないのかという話も出ているようです。政府としては法改正はいらないということで行きたいでしょうね。政府の考え方としては、それぞれの健保組合なり市町村国保が自主的に廃止したという、日本的なやり方で突破したいようです。政府が廃止したんじゃない、自分たちで廃止したんだという形にすれば、何が起きても自己責任だということになりますからね。今まで通りにうちは紙で出しますという健保組合に対しては、何らかのペナルティーを厚労省あたりは匂わすでしょう。

新名　ひどいですね。なんかこの国のやり方がもう全くひどい。

黑田　どんどん非民主的になっています。取るべき手続きさえ真面目にやろうとしない。マイナンバーカード義務化にはもちろん反対ですが、どうしてもマイナンバーカードを健康保険証にして医療を良くしたいと本気で思ってるのならば、健康保険証に使うから番号法を改正して義務化すると、きちっと説明すべきだと思います。でも、義務化と政府が言い出したら反発はものすごいことになるでしょう。だからこういう姑息なやり方で突破しようとしているのでしょう。

新名　まさにそうですね。だから何回も自分でオンライン資格確認の手続きを進めようと思い、登録しようと進めるのですが、途中でやっぱり止めてしまう。こんなことで良いのかと思って、途中から先へ進めなくなってしまいます。

黑田　本当にこんなことでいいのかなと。健康保険証廃止の問題に留まらないですよね。こういうやり方をズルズル許してしまって、仕方ないねってあきらめてしまったら、とことん行ってしまう、それが怖いですね。

新名　おとなしいですからね、日本人は。進めるのなら、政府も手続きをちゃんとしないと。言葉だけは丁寧に説明すると言うけれど、結局、肝心なところは隠して知らない間に進めてしまう、そんなところがありますから。

黑田　おそらく閣議決定したことを、政府のウェブサイトに載せてあるからそれで説明したという考えなのでしょう。

顔認証エラーが頻繁に起きる可能性も

黒田　私は皮膚科にお世話になることが多いのですが、朝、受付が始まる前からもうたくさんの人が玄関前に並んでいます。受付が始まると初診の人も、通いの人も毎月1回は健康保険証を受付に出して、診察券も出して、受付簿に名前を書きます。20人ぐらい並んでいても、あっという間です。それをマイナンバーカードで、毎回毎回、顔認証で資格確認するとなるとどうなるのかなと思います。

新名　顔認証の人がたくさん増えると、外来の受付がなかなか回らなくなってしまうでしょうね。カードリーダーは、大きな病院だと3台まで無償でもらえるそうです。でも大きな病院だと3台で済むはずがないです。

黒田　そうですね。顔認証がうまく行かなくて、そこでエラーが出ると3台でも足りなくなりますね。先日、ある大手の薬局チェーン店で初めて顔認証に挑戦している人を見ました。高齢の女性がマイナンバーカードを健康保険証として使おうしていましたが、顔認証のエラーが出ました。薬剤師さんが慣れない中あたふたされて、何度かチャレンジしてましたが、本人は暗証番号も覚えていなかったようで、結局、最後は健康保険証を出していました。顔認証が駄目なら、薬剤師さんが目視で本人だと確認すれば良いのですが、後ろに並んでいる私が、アドバイスするわけにも行きませんし。その方は、ちょっと濃い色のメガネをかけていたのですが、そのメガネのせいかも知れません。ひょっとすると眼科で何かの治療を受けられてたのかなと。白内障ですと色のついたメガネかけますよね。眼科ですと眼帯などもありますから、顔認証エラーが一番起きやすいかもしれませんね。

新名　光の反射でうまく認識しなかった可能性もありますね。若い人の中にはカラーコンタクトレンズを付けて目がすごい大きな方もいらっしゃって、色も大きさも違うとなると認識はむずかしいかも知れません。何かのニュースで見たのですが、導入したところの4割ぐらいで不具合が起きているということでした。

黑田　マイナンバーカードを申請したときに付けた顔写真を見栄えが良いように盛ってる人がかなりいるようです。健康保険証の顔認証にも使うから、きちっとした写真を付けていないと困るのはあなたですよという説明があれば良かったのですが、申請の受付を始めた時はそんな説明はなかったわけです。写真と本人が一致してるかどうかは、市役所で渡す時に確認するということになってます。しかし、どこまできちっと確認したのか。顔認証に使うなんて、以前は市役所の職員も思っていなかったでしょう。マイナンバーカードを運転免許証にもすると言ってますが、さらに混乱が起きるのではないですか。本当に説明が足りない。後出しジャンケンみたいに後から後から付け足していく、ほんと無責任ですね。

新名　健康保険証の番号は何桁かの数字だけですから、運転免許証みたいにICチップの中に入れればスッとできるから時間もかからなく済むでしょう。それなら便利かなという気もしていました。しかし、カードリーダーでマイナンバーカードの顔写真と照らし合わせて、患者さん本人だとわかったら、やっと中央のコンピュータとやり取りするというのは、かかる時間を考えれば診療所としてのメリットは感じませんね。

顔認証は必要なのか

黒田　患者の代理で病院に来る人はどうするのでしょう。私がお世話になっている皮膚科はそういう人が結構多いようです。お母さんが子どもの薬を取りに来るとか、おじいちゃんの薬をおばあちゃんが取りに来るとか。そういうのをよく見ますが、どうするのでしょうね。マイナンバーカードで確認しないと駄目ということになれば、本人が来ないと一切、薬の処方ができないことになりますね。

新名　一般常識的には眼科医会で認めますというのは3カ月以内だったら薬を出してもOKですが、おそらく健康保険の規則では薬だけは駄目だと言うんでしょうね。ヘルパーさんに薬を取りに来てもらってる人は、ヘルパーさんにマイナンバーカードを預けないといけないでしょう。

黒田　でもカードを渡しても、ヘルパーさんの顔で顔認証できません。4桁の暗証番号をカードリーダーに入れないといけませんね。それは暗証番号を他人に知らせることになりますし、カードの不正利用ということにもなりかねませんね。お医者さん側も、本人ではない人が暗証番号を入力してることについて目をつぶっておくしかないですね。

新名　最初から暗証番号で管理すれば顔認証しなくてもいいわけですよ。マイナンバーカードについてる顔写真を窓口で見せて、暗証番号だけ入力したらそれでシステムとやり取りができるのですから、顔認証の機械は必要ないですね。顔認証の必要性は本当に感じないですね。暗証番号だけで十分でしょう。

黒田　何桁もある暗証番号ならいざ知らず、わずか4桁の番号ですからね。普通にATMで使ってます。暗証番号を覚えていない人も多いかも知れませんが、カードの交付を始めたときに健康保険証として使うときに必要ですから忘れないようにと説明しておけば良かったのですよ。ところで健康保険証には顔写真が貼ってないから他人が本人に成りすまして使える。でもマイナンバーカードの顔認証だとそれが防げる。そんな話がネットなどで流れています。実際に他人が健康保険証を使うようなことはあるのですか。

新名　眼科診療ではたぶんそういうケースは1年間に1件もないと思います。処方された薬をネットで販売して、それを収入源にしている人がいて、それが問題になっている話を聞いたことがあります。

黒田　確かにそういうことは良くないことですし、防ぐべきことでしょう。しかし、それを防ぐ手立てが、全ての人にマイナンバーカードを使って顔認証させる、それしかないのかとは思いますね。コストも考えるとどうなのかと思います。

新名　とてもとても、全然桁が違いますね。でも出すのは医者ですし、レセプトを見ればこの人は何カ所で何日分もらっているということはすぐにわかることなので、それを警告すればそんなに長く続けることはできませんから。

黒田　厚労省も政府もマイナンバーカードを健康保険証にするのは、他人が使うのを防ぐためだとは、どこにも書いていませんね。本当にそれが目的の1つなら、国民にきちっと説明するべきです。年間何件ぐらいの不正使用があって、それでどのぐらいのお金がどうなっているのかと。でも一切書いてないですね。

やがて介護保険証にも拡大か？

新名　往診の時は、マイナンバーカードでどうやって資格確認するのでしょうか。

黒田　往診、訪問診療ですが、モバイル端末でオンライン資格確認ができる仕組みを作るとしています。そのための費用として2022年度の補正予算に224億円が計上されています。でもどこでもうまく使えるのかは疑問です。日本全国どこでもモバイルに対応したネット環境があるわけでもありませんし、訪問先のお宅の環境によってはモバイル通信がうまくできない場合もあると思います。結局困るのは現場の人たちですね。

訪問診療や看護の際には、健康保険証だけじゃなく、介護保険証も必要なケースもあると思います。健康保険証ができるのなら、介護保険証も同じようにマイナンバーカードにして、ネットで確認できるようにしてしまえと、おそらくそういう話になって行くでしょう。推進側としては、紙の介護保険証とネットで確認できるマイナンバーカードの健康保険証が混在する、そんなことはおそらくしないでしょうね。

新名　介護施設に入所されている方は、マイナンバーカードの情報をその事務所が全部管理しないといけなくなりますね。

黒田　介護施設はマイナンバーカードを預かることはできません。健康保険証のようにコピーしても意味がありませんし。だから国が徹底してやるつもりなら、介護施設にも顔認証のできるカードリーダーを置くことにする、そういう話にもって行くでしょう。そうしないと介護施設では支障が出るでしょうから。やはり介護保険証もマイナンバーカードにする話が出て来るでしょうね。

それから災害時ですが、マイナンバーカードを持たずに逃げてきた場合どうするのか。どうやってオンライン資格確認するのかと誰でも疑問に思いますね。厚労省の文書には、本人から氏名や住所、生年月日などを聞いて、オンライン資格確認の端末に入力すると、保険の資格だけでなく、検診や薬剤情報も見ることができるような仕組みになっていると書いてあります。マイナンバーカードどころか、健康保険証もいらないと。もちろん、災害時の臨時措置ですが。しかし、それがシステム上できるのなら、平時の場合も医師に薬剤などの情報を提供するのも健康保険証で充分なわけです。マイナンバーカードにする必要なんかありません。

新名　災害時に検索できるんだったら、確かにそうですね。

黒田　でも検索できない時はどうするのかって、当然、言われそうですね。電気や通信が不安定な時とか。また、言われてから考えるのでしょうね。泥縄です。

新名　最初からこれありきで決めて、後からなんか言われたらこう言い返そう、みたいな感じで考えてるんじゃないですか。ただその進め方がどうにも強引すぎて、やっぱり同意できないんですよね。

高齢者には向いていない

新名　タバコやお酒の自動販売機でもマイナンバーカードが使えるようにすると言ってますね。

黒田　なんでもかんでもマイナンバーカードですね。だから政府はマイナンバーカードは持ち歩いても、落としても大丈夫だとか、最近言い出しています。でも、カードの交付が始まった頃は、落としたらいけない、大事に保管しておかないと駄目だ。そんな話でした。今でも多くのみなさんはそう思っているはずです。

新名　マイナンバーカードを利用させたいのならそれはそれでいいかと思うのですが、そのために健康保険証をなしにするとか、保険証をスマートフォンに移行するとかいうようなことは、高齢の方がすごく多いことを考えれば、難しいと思います。カードを持たせたいがために紙の健康保険証を強制的になしにするということですが、実際の患者さんの多くはマイナンバーカードを持ち歩かないし、作ることもしない。作ったとしても金庫の中に入れておくものだというような認識じゃないかと思います。高齢者に常時携帯させて、それで問題が起きても国は責任を取るとは言わないでしょう。だからこそ持ち歩きたくない。そういう高齢者の方がたくさんおられるのに、無理やり持たせるわけですからね。

黒田　ある大きな病院の人から聞いたことがあるのですが、健康保険証や診察券は院内によく落ちてることがあるそうですね。

新名　はい、それはもうしょっちゅうあります。見当たらないから忘れてないかとか聞かれる、でもこっちには残ってませんよと。

黒田　いくつもの病院や診療所をあちこち回ってる患者さんなら特にそうなるでしょうね。どこでなくした、どこで落としたかわからない。病院の側も、マイナンバーカードを拾ったら拾ったで、それはそれで大変ですよね。触っていいのか、預かっていいのか。

新名　中途半端な説明しかされない中で、カードをそんなに汎用にしてもいいものなのかと思います。最初はマイナンバーカードの裏側の番号が見えないようにケースに入れておくとか、従業員のマイナンバーの情報が入ったコンピュータは持っていかれないように鎖で繋いでおくようにとか、そんな話でしたからね。かと思ったら私たちの医師国保の更新時に説明があって、マイナンバーを届けてもらわなくても、住基ネットで調べてもうマイナンバーを付けておきましたからと。番号は隠しおかないとダメなのか何なのか、どっちなんだろうかとね。

過誤請求はなくなるのか？

黑田　いわゆる過誤請求がこれでなくなると国は言ってますが、実際のところどのぐらいあるのですか。

新名　私の診療所の場合1カ月でレセプトが1000枚ぐらいですが、保険証の番号が違って戻ってくるのは2枚ぐらいです。だからその点でもメリットは感じないですね。

黑田　そんなに少ないのですか。年間でも20件ちょっとですね。コストを考えると全く釣り合いませんね。

新名　でも国がお金出すと言ったら、出した分だけのことは国も考えてますから、何か他のことをまた押し付けて来るでしょう。

黑田　会社を辞められて市町村国保に移る場合や、別の会社へ移って健保組合が変わる場合などは、そんなに瞬間的に処理できるわけないと思います。過誤請求はなくなるのでしょうか。

新名　なくならないと思います。請求先が違うといって、保険請求の審査をする支払基金から戻って来るのは、そういう境目の人たちの分なのです。タイムラグがあるから絶対にゼロにはならないでしょう。ほとんど変わらないかもしれません。事務処理で1週間や2週間はかかりますから。

黒田　会社で処理して健保組合で処理して市町村が処理するのですから、それくらいはかかりますよね。会社の担当者も、健保組合や市町村の職員も、みんな24時間365日、働いてるわけじゃない。オンライン資格確認で、過誤請求がなくなるなんて、絵に描いた餅のようなものですね。

医療情報提供には「いいえ」を

黒田　マイナンバーカードをカードリーダーにかざす際に、同意すれば医療機関に自分の特定健診や薬剤、診療情報などを提供できますが、あれはどうなんでしょう。もちろん不同意の選択もできるのですが、先生に自分の情報を伝えたくない、不同意の選択をするというのは、気持ちのうえで結構大変なんじゃないかなと、気を遣ってしまいますよね。特にお年寄りはかなり気を遣うんじゃないでしょうか。

新名　それもありますが、気づかずにもうなんでもイエスと押してしまうこともあるでしょう。私のところのような眼科には目の悪い人ばっかり来るわけですから、きちっと読んだうえでパッパッとやるわけにもいかないでしょうし。

黒田　患者さんが同意して医師に医療情報を提供する時に、一体どこまでの情報を提供することになるのでしょうか。全ての情報が渡されるのですか。

新名　提供される情報の中には、今、飲んでるお薬の情報も入りますから、患者さんは診察のことを考えて、簡単に同意するかも知れません。でも、わかるのは飲んでるお薬だけではありません。薬の名からその患者さんの他の病気も全部わかってしまいます。それを知ってもらいたいと思う人はいいかも知れないけど、この部分は隠したいと思っている患者さんのものも、私たちの方は全部知ってしまうことになります。しかもそれは医者だけじゃなくて、受付も事務の人にも全部見えてしまいます。

私の所ではたぶん、同意を押さないでくれと言うと思います。「同意しますか」という所では「はい」が「いいえ」よりも大きくなっているのですが、「いいえ」を押してほしいと伝えます。そして本人が伝えたいことだけ診察の時に私に伝えてもらえればそれでいいんです。

黑田　全部伝わるわけですね。患者の方で選択はできない。病院側の画面にパッと全部出ると。すると精神疾患を抱えてる人などは大変ですよね。

新名　精神疾患もそうですが、悪性腫瘍など本人にまだ知らされてなかった情報が他人に知られる可能性も出て来ます。病名が本人に告知されているかどうかもわからないのに、こっちは知ってしまう。出されている薬から病名がわかってしまいますから。例えば若い頃、こんなことしてたんだってこともわかってしまう、そんな場合もあるでしょう。

知ったら知ったで、責任が今度は出てきます。医者には最低限知らせてもいいかも知れないけど、事務や職員が知る必要はないでしょう。患者さんの多くは高齢の方ですが、そういうことは医師に直接話しますから。予診で看護師が聞いた時には答えなくっていいやと。

黑田　そうか、その問題には気づかなかったですね。なんでもかんでも医師に伝えればいいということにはならないんですね。情報を全部渡してしまうといろいろとややこしいことも出てくるのですね。見せてしまった方がいいのかなと思ってましたが、そうではないわけですか。いろんなケースもあるから。

新名　薬の情報だけでなくって、検査結果も同じようにしようとしていますね。

黑田　検査結果やレセプトだけじゃなく、カルテなども本人が同意すれば、みんな見られるようにするとしていますね。この人はいつ何の病気になって、いつ治療したということが全部画面に表示される。そうしたものが見られるということは、医療機関側にそうした情報が保存されるわけでしょう。患者さんのデータがコンピュータセンターから医療機関に送られてきて、医者がそれを見て治療や診断に使うのですから、それは当然、医療機関側に保存されますよね。でも医者の立場からすればそんな情報は預かりたくないんじゃないですか。

新名　もちろんです。ですから私の場合は口頭で看護師にカルテに書いてもらっています。電子カルテも嫌いなんですよ。

黑田　政府はレセプトやカルテなどを見られるようにすれば、より良い医療になると簡単に言いますけど、実際はそうじゃないんですね。

コロコロ変わる政府の説明

新名　医療情報をビッグデータとして蓄積して活用する話も、あくまでも上から目線の話で、個人個人のことはあんまり考えてないですね。最初は、そんなことは言ってませんでした。でもそれが蓄積されて、いつの間にかもう全部それを世の中の役に立てるんだというふうに変わってしまった。でもそのことに多くの人はたぶん気づいてない。気づかせないようにしている。わかってない人たちばっかりだと思うのですよ。そんな中で進められていく、だから本当に怖い。

黒田　情報をたくさん得て新しい薬を作るとか、健康食品を売るとか、生命保険の方に活かそうとかそんな話ですね。ズルズルと話を広げていくのです。政府は国民に対して言った約束も守らない。マイナンバーは人に見せたらダメだ。カードは家で大切に置いときなさいと言ってたのですが、それを今では番号を見られても大丈夫、落としてもカードは無効にできるから大丈夫と言い出しました。コロコロと言うことを変えるような政府は信用できませんね。

　話をコロコロ変えると言えば、マイナンバーの適用範囲もです。税と社会保障と災害の3分野だけだと説明していたのに、分野を拡大すると閣議決定しています。いろんな分野で使っていく方が便利だろうって。もちろん番号法案を議論する際には、将来、3分野以外にも広げるとは言ってませんでした。

新名　マイナンバーの導入が議論されたのは、ちょうど2011年の大災害の後でしたしから、災害を入れたらなんでも通るとね。ここしかないというタイミングでそういう話を持ってきました。政府はきれいな言葉ばかり並べますから。マイナンバーとの紐付けはもう国が全部やってるのですよね。やりたいことは全部やられてるから、今さら国民にマイナンバーカードを進める必要もあるのかと思うのですが。

黒田　番号としてのマイナンバーと、マイナンバーカードは、本来全く別のものなんです。番号が書いてあるだけのカードでいいのなら、別に紙でも良かったのです。それを中にＩＣチップを入れて、あれもできる、これもできるとしてしまったために、余計なコストもかかるし、今度の健康保険証の廃止の話のように混乱も起きて来るのです。講演に呼ばれて話をすると、カードを作ってないから私にマイナンバーはまだ付いていないと、勘違いされてる方がまだいらっしゃる。国民が本当によくわかってないままに制度が進められているのがよくわかります。

新名　国としてはわかってもらったら困るから、説明はあまりしないようにしている。詳しく理解されても困るので、だから説明が不足してる、そんな印象ですね。

廃業を考える医師も出てくる

黒田　大阪府保険医協会のアンケートでは、廃業することを考えていると答えた方もいらしたそうですね。

新名　そうです。東成の医師会のアンケートでも7割は導入予定としていますが、3割は残るのです。困っているその3割をもっとちゃんと助けないといけないと思います。デジタル化を進めていくのはいいと思いますが、問題はそのやり方です。保険証を廃止するという上からの圧力で進めていく。こういうやり方で、この国が進んで行っていいのかなというのが、一番嫌なところです。本当に便利だったらみんな使うわけです。補助金を出さなくても便利なものなら自分たちで進めていきますから。

黒田　デジタル化は今さら止められるものでもないし、止める必要もありません。できるだけ便利に使っていけばいいわけです。ここへ来るのにＰｉＴａＰａ（ＩＣカード乗車券）を使って来ましたが、便利ですよね。今さら券売機で切符を買うのは邪魔くさい。カードを使うと自分が何時にどこの駅に乗って、降りたかといった記録が残りますが、それは今のところはＰｉＴａＰａの運営会社のシステムから外へは出て行かないわけです、おそらく出ていない。そう思っているから安心して使えます。だからものすごく普及したのです。あっという間に。

新名　マイナンバーカードも、メリットが大きかったのなら普及するはずなんでしょう。今は住民票や印鑑証明を取れるぐらいしかメリット感じないですから。以前、ある会社が、ポイントカードの履歴を警察に提供した事件がありましたね。あの時は契約を止めるという人が私の周りに何人もいました。

黒田　具合が悪いなと思ったら、自分で拒否できるわけです。解約すれば済みます。今は、個人情報の管理をきちっとしていないと、会社の評判が悪くなるというのが、当たり前の話になっていますよね。ところが政府はそうはならない。具合が悪いから別の政府に乗り換えるってことはできない。私たちには選択肢はないわけです。

新名　なんでもかんでも閣議決定だけで決めてしまうのもやめてほしいですね。（安倍元総理の）国葬の時に引きましたね。議論する時間なしで無理やりやっちゃうんですから。何とかの方針とか原則とか言ってますが、たぶん後になって最初からできると思ってなかった、あれはあくまで方針ですから、みたいな感じで済ますのでしょう。

黒田　オンライン義務化も法律のどこにも書いてませんからね。保険制度をうまく利用してやらざるを得ないところに追い込んで行く。マイナンバーカードも義務化するとは絶対に言いませんし、番号法にも義務とは書かない。でも事実上の義務化を進める。

新名　そうです。廃止すると言ったら義務化と一緒でしょう。でも絶対国会では言いませんね。そんな強引なやり方が通っていいのかな。

黒田　民主主義の問題ですね。今日、お話を聞いてわかったのは、やはり現場のことを見ていない、政府は机上の空論で進めているということ。それから根底にあるのが政府に対する不信だということ。説明があまりにも不十分で、法的根拠もないことを進めている。だからうまくいかない。義務化が2023年4月に間に合わなかったらまた何か言い訳でもするのですかね。24年秋まで延期するとか言い出すのでしょうか。

新名　おそらくもう言い訳もできてると思いますよ。延期して延期してというぐらいまで考えてるような気がしますね。9割ができたとしても1割ができなければ無理なシステムですから。それを無理やり100パーセントにしてやるぞと、ぶち上げているところにやはり不信感がわきますね。

黒田　本当によくもこんな無茶を言うなと思います。

導入してもセキュリティは自己責任

黒田　２０２３年３月末までにオンライン資格を始めろと言われると、時間的に間に合うのかということもありますし、これから起きてくる負担とか考えると大変ですね。

新名　大変です。初期投資の分は国が補助しますが、それで賄えるわけでなくって、セキュリティは自分でやってくれということになっています。だから、月々いくらかのセキュリティ費用が必要になります。安全面のところは結局こっちに押し付けられてる感じがします。私たちはレセプトなどが入っている大事なコンピュータはネットには絶対につながずに独立させているのですが、それを無理やりつながせるような制度にして、セキュリティをこっちに丸投げする。そういうところもすごく引っかかります。もう押し付けられてばっかりです。責任を全部引き受けてくれるんだったらやってもいいかなとは思いますが、そういう責任は自分でやりなさいということですから。そこも譲れないですね。だから機械のお金を出すのはいいけど、セキュリティの責任は国がもってくれよということです。

黒田　もし本当に何かが漏れた時に、どこから漏れたのかがはっきりわかるのでしょうか。医療機関で漏れたのか、支払基金のシステムからか、それともその途中なのか。正確にどこから漏れたのかわからないのに、漏れたところはお前のところだと勝手に言われても、その責任は取れないですよね。下手をすれば廃業に追い込まれますよね。

新名　そうなんですよ。怖いのはこういう証拠があるからお前のところが漏らしたのだろうという偽の証拠が出ても、それが本当かどうかの検証のしようがないですよね、私たちの側には。そうなるともう終わってしまいます。その大切な情報を知り得る人間が、みんな善良な人ばかりではないという仮定のもとでシステムを開発しないとダメじゃないですか。

黑田　最近、ある自治体で職員が住民基本台帳ネットワークを使って違法に個人情報を取得し、外部に漏らした事件がありましたね。暴力団が絡んでいるみたいですが。職員が元々は善良な人だったとしても、何らかのことで、例えば借金でも作ってしまって、反社勢力に脅かされたりすれば漏らす事件を起こすこともあるでしょう。今度のこのシステムでも、携わる人がたくさんいるわけですから、問題が出て来る可能性は残念ながらあるでしょうね。

新名　大切な情報であればあるほど高く売れますから。医療情報は保険会社にとってはすごく大切な情報になるし、遺伝的疾患の問題があったりすると、人権が脅かされることにもなります。マイナンバー制度の進む先は、あまり嬉しくない社会になるような気がします。

黑田　自分の個人情報がどれだけ把握されて利用されているのかがわからない状況になって行くでしょうね。それに対して一人ひとりの国民がやれることには限界があるわけですから、国が勝手に進めてしまうともう抵抗する術もありません。だから今のうちに何とかしないとダメですね。

新名　そこは黑田さんにも働いていただいて突破したいですね。

黑田　講演会や学習会でお話をさせていただいて感じるのは、この問題については、議論の土台となる共通の知識というか理解がなかなかないことです。健康保険そのもの、介護制度そのものといった話ならそれなりに共通の土台はあるでしょうし実感もある、健康保険料が上がりますといった話なら難しい説明もいらないかも知れません。しかし、こういうデジタル技術の絡んだ話だと理解していただくのは難しいですね。ある程度の問題意識を持っている人は、割とわかってもらえるのですが。理解が深まらないと、運動にはなかなかつながって行かない。大変ですが、そんなことばかりぼやいていても仕方がありません。せいぜい頑張りたいとは思っています。

新名　もうちょっとマスコミもしっかり報道してくれればいいかなと思います。医療の保険点数の話も、厚労省はいつもまずマスコミに流して、周りの反応を見ながら対応していきますからね。それに振り回される私たちの方はもう大変で、プレッシャーもすごいです。

黒田　今日はこうして現場の医師のお話を聞くと、ああなるほどというものが沢山ありました。本当に勉強になりました。

新名　私たちもどうしようかなとずっと悩んでいますから、こういう機会をいただけてありがたかったです。ありがとうございました。

黒田　ありがとうございました。

あとがき

本書の構成は、前半がマイナンバーカードの健康保険証としての利用であるオンライン資格確認の解説に、後半は眼科医である新名健治先生との対談になっています。保険証化について執筆するにあたって、医療については全くの素人である私が持論をあれこれ述べるだけでは、問題点を明らかにする上で不十分なことは明らかでした。そこで、実際に診療にあたっている医師のお話をお聞きしたいと大阪府保険医協会にお願いしたところ、新名先生をご紹介いただきました。お忙しい中、対談に快く応じていただいた新名先生にまずもって感謝を申し上げたいと思います。医療現場の専門家からリアルなお話をお聞きすることで新たな論点をも見いだすことができ、たいへん勉強になりました。また、対談の場を設けていただいた大阪府保険医協会にも感謝を申し上げます。ありがとうございました。

岸田政権が2022年6月に医療機関等に対しオンライン資格確認の導入を23年4月に義務付けることを閣議決定しました。これによりマイナンバーカードの健康保険証としての利用に、にわかに注目が集まることになり、私のところへも講演や機関紙誌などへの原稿執筆の依頼が数多く舞い込むことになりました。さらに10月には河野デジタル大臣が2024年秋に保険証を原則廃止すると発表したことにより、マスコミも大きく取り上げ、依頼がさらに増えることになりました。

世間一般の受取りはマスコミ報道などもあり「マイナンバーカードの普及が思うように進まないから、政府はこんな話を急に出してきたのだ」です。しかし、それは本文で詳述した通り事実ではありません。マイナンバー制度の根拠法である番号法が成立した直後から、準備は周到に進められてきたものです。そしてその背景には、国民の医療情報を利活用するための仕組みを構築する大きな狙いがあります。

「保険証代わりに持ち歩くと落とすかも知れない、落とすと個人情報が漏れてしまう」との危惧が広がっています。こうした不安が起きるのは当たり前のことですが、残念ながら健康保険証化の問題はそれだけでは収まりません。こちらも本文で示したように健康保険証としての利用は、マイナンバーカードが様々な免許や資格を証明する万能身分証に化ける入口でもあるのです。この点については、前著『あれからどうなった？　マイナンバーとマイナンバーカード』でも明らかにしましたが、いよいよ現実味を帯びてきました。

オンライン資格確認の義務付けや、保険証廃止に反対しこれを跳ね返すには、政府の思惑を正しく知ることがまずもって必要です。この本を執筆した動機は、正にこれです。

報道等によると2023年1月23日に開会された通常国会には、本文でも触れたマイナンバーの利用を社会保障・税・災害対策の3分野から広げるとともに、利用事務を法ではなく政省令で決めていくとする番号法改正案が提出されるようです。あとがきを書いている時点では、まだ、その詳細はわかりませんが、本書が書店に並ぶ頃には明らかになっていることでしょう。この改正については、マイナンバー制度を推進し、支持してきた人たちの中からも、話が違うとの異論や危惧が出始めています。また、4月1日からのオンライン資格確認の義務化も、本当にできるのかどうかも含め、期限が迫る中でますます注目が集まっているでしょう。また、保険証廃止反対の世論も、2024年秋に向けて大きく広がっていくと思います。

本書が当面の保険証廃止反対の運動だけでなく、マイナンバー制度を巡る議論の活発化とマイナンバー制度そのものの廃止へ向けた運動に少しでも役立つなら幸いです。

安倍首相から菅首相へと政権が変わった直後の2020年12月、本書と同じく日本機関紙出版センターのご厚意により『あれからどうなった? マイナンバーとマイナンバーカード』を上梓させていただきました。あれから2年あまりが過ぎましたが、その間、菅新政権のデジタル化政策をテーマにした拙著を新たに出すべく、同センターの丸尾忠義さんより叱咤激励もいただきつつ、執筆を進めておりました。ところが、岸田政権のデジタル化政策の展開があまりにも早いことや、政権があっという間に岸田首相へと移ったことにより、初校の段階で大幅な見直しが必要となりました。しかし、書き直しが全面的にならざるを得ないことから執筆の気力が失せ、私の身勝手により一方的に放棄してしまいました。日本機関紙出版センターと丸尾さんには多大なご迷惑をおかけしてしまい、誠に申し訳ありませんでした。また、こうした「前科」にもかかわらず、三度、出版の機会を

与えていただいたことに感謝の意を表したいと思います。ありがとうございました。

2023年2月

黒田　充

【著者紹介】

黒田　充（くろだ　みつる）

1958年大阪市生まれ。自治体情報政策研究所代表。一般社団法人 大阪自治体問題研究所理事。元大阪経済大学非常勤講師。
大阪府立大学工学部電気工学科卒業後、松原市役所に就職し、総務、税務に携わる。1997年に退職し立命館大学大学院社会学研究科へ進学、修士号取得。
著作に、『地域・自治体運動のためのインターネット入門』（自治体研究社、2000年）、『「電子自治体」が暮らしと自治をこう変える』（自治体研究社、2002年）、『2011年、テレビが消える』（自治体研究社、2006年）、『Q&A共通番号　ここが問題』（自治体研究社、2011年）、『共通番号制度のカラクリ』（現代人文社、2012年、共著）、『マイナンバーはこんなに恐い！』（日本機関紙出版センター、2016年）、『税金は何のためにあるの』（自治体研究社、2019年、共著）、『あれからどうなった？　マイナンバーとマイナンバーカード』（日本機関紙出版センター、2020年）などがある。

何が問題か　マイナンバーカードで健康保険証廃止

2023年3月1日　初版第1刷発行

著者　黒田　充
発行者　坂手　崇保
発行所　日本機関紙出版センター
〒553-0006　大阪市福島区吉野3-2-35
TEL06-6465-1254　FAX06-6465-1255
DTP　Third
印刷・製本　シナノパブリッシングプレス
編集　丸尾忠義

ISBN978-4-88900-280-5